KB108346

배우 라 는   세 계

배 우 라 는 　　　세 계

신용욱
지음

30년간
연기를 가르치며
생각한 것들

부·키

추천의 말

—   —

새로운 작품에 들어갈 때마다 늘 하는 일이 있다. 막 인쇄된 대본을 들고 신용욱 선생님을 찾아뵙는 일. 선생님과 대사를 주고받으며 내가 분석한 캐릭터의 방향이 맞는지, 톤의 높낮이를 어떻게 잡아야 하는지 그리고 이 인물의 대본 너머의 삶은 어떠한지 그려 보는 시간을 갖는다.

선생님은 지난 25년간 내가 새롭게 맞이한 30여 개 세상의 문을 열어 준 분이다. 이 책을 만나게 되는 독자분들도 내가 선생님과 함께 작품을 탐구하며 깊이 고민하고 느꼈던 것들을 간접적으로 체험하시길 바란다. 이 과정에서 연기와 인생에 관한 새로운 세상을 발견하셨으면 좋겠다.

강동원

연기를 배워 본 적 없어서 막연했던 스물한 살의 나에게 "배우라는 세계"는 신용욱 선생님과 함께 시작됐다. 거칠고 투박하지만 섬세하고도 집요하게, 배우로서 오래오래 성장할 수 있는 뿌리를 심어 주셨다.

혹독하고도 오랜 시간을 견뎌 내야만 하는 게 배

우의 숙명이라고들 한다. 이제 막 연기를 시작한 사람들에겐 와닿지 않는 말일 수도 있지만, 배우의 꿈을 오래 지니고 지금까지 온 사람이라면 모두가 공감하리라 생각한다. 괴롭고도 지난한 시간을 버텨낼 뿌리를 이 책과 함께 성장시킬 수 있기를 바란다.

김지훈

연기를 막 시작했을 무렵, 신용욱 선생님을 대학로에서 처음 만난 이후 긴 시간을 함께했다. 남들 앞에 서는 것조차 힘들어했던 나는 선생님의 가르침 속에 비로소 카메라 앞에 설 수 있는 용기를 얻었다. 연기가 풀리지 않을 때면 포기하지 않고 집요하리만큼 끝까지 함께 파고들었다. 감정의 밑바닥까지 가 보는 순간에도 늘 선생님과 함께였다.

연기에 관한 책을 쓰고 싶다고 아주 오래전에 말씀하셨는데, 지금이 바로 그때인가 보다. 언제나 스타보다는 배우가 되라고 가르쳐 주셨고, 누구에게도 말하지 못하는 내 마음에 조용히 귀 기울여 주셨다. 배우로서, 인생 선배로서, 나에게 아낌없이 내주시던 응원이 몹시 귀했다. 이 책을 통해 그 귀한 마음이 누군가에게 조용히 가 닿기를 바란다.

원빈

신용욱이라는 예술가를 만나서 하나의 언어가 어떤 방향을 향하고 어떤 형태로 빚어질지 사색하는 시간을 통해 천천히 한 걸음씩 나아갈 수 있었다. 감이 잘 잡히지 않는 방향과 눈에 잘 그려지지 않았던 형태는 어느새 입체적인 모습으로 내 눈앞에 나타났다.

선생님과 함께한 그 시간이 내 인생의 방향키가 된 듯하다. 내겐 너무나 감사한 선생님의 언어들이 수많은 독자 여러분께도 온전히 다가가길 바라 본다.

윤소이

신용욱 선생님과의 수업에서는 언제나 제 한계에 부딪히게 되었습니다. 선생님은 연기의 본질이 무엇인지 끊임없이 고민하게 하셨고, '어떻게 저렇게까지 연기를 사랑할 수 있을까?'라는 생각이 들 정도로 늘 연기에 관한 진심과 열정을 보여 주셨습니다. 저도 그 마음을 배우기 위해 노력했습니다.

20대에는 선생님께 인정받고자 하는 마음이 컸습니다. 그 시절에 이런 책이 있었다면 얼마나 좋았을까 생각해 보기도 합니다. 연기에 진지하게 임하는 많은 분이 이 책을 통해 더 깊이 고뇌하고, 더 많이 사랑할 수 있기를 바랍니다.

이준혁

신용욱 선생님과의 인연은 2004년 저의 첫 영화 〈청연〉을 준비할 때부터였습니다. 모든 것이 낯설고 두렵기만 하던 시절, 연기에 흥미를 갖고 처음으로 오래도록 도전해 보고 싶은 마음을 갖게 해 주신 분입니다.

작품을 선택하는 과정부터 캐릭터를 몸에 맞게 입혀 가는 시간 내내 제 머릿속을 가득 채우는 생각과 걱정을 함께해 주시는 선생님과의 수업은 마치 전쟁터에 나가기 전에 여러 무기와 방패를 장착하는 과정 같습니다. 덕분에 현장에서 돌발 상황이 생기더라도 준비된 무기들을 하나씩 꺼내 쓸 수 있게 되었습니다. 경력이 쌓이고 경험이 많아져도 여전히 연기는 어렵고 긴장되기 마련이라, 지금도 작품에 들어가기 전이면 가장 먼저 선생님을 찾아뵙니다.

사제의 인연도 어언 20년이 되었습니다. 그 긴 시간 선생님께서 주신 연기에 관한 큰 가르침은 말할 것도 없지만, 제게는 그보다 더 귀한 것들을 주셨습니다. 유리처럼 깨지기 쉬웠던 여린 제가 감정을 쏟아낼 수 있게 늘 마음을 어루만지며 토닥여 주신 덕분에 조금씩 용기와 힘을 얻으며 더 강한 저로, 배우로 성장할 수 있었습니다. 가까이서 오래 지켜본 선생님은 그 누구보다 연기를 사랑하시고 학생들을 진심으로 친구처럼, 가족처럼 아끼시는 분입니다. 많은 배우와 연기를 준비하는 친구들이 선생님과 인연을 맺고 싶어 하는 가장 큰 이유이지 않을까 생각합니다.

앞으로 혹여나 제가 연기를 하지 않는 순간이 오더라도, 선생님은 제겐 없어서는 안 될 소중한 벗과 같은 존재입니다. 이 책을 통해 기술적인 배움은 물론, 선생님의 따뜻한 마음에서 우러난 진심 어린 조언들로 큰 위로를 얻으시길 바랍니다.

한지민

아무 준비도 없이 덜컥 배우라는 일을 시작하고 어느 하나 쉽지 않던 나에게 신용욱 선생님과의 만남은 지금 생각해도 정말 소중하고 감사한 인연이다. 선생님과 함께 대본을 연구하고 고민했던 시간은 내가 여전히 배우라는 직업을 놓지 않고, 힘든 순간이 오더라도 딛고 이겨 낼 수 있는 든든한 디딤돌이 되었다.

독자분들께도 이 책이 꿈을 향해 단단히 딛고 설 수 있는 디딤돌 같은 의미가 되었으면 좋겠다.

한채영

나를 마주한다는 건 아직도 매번 어려운 일로 다가옵니다. 선생님께서는 저 자신을 솔직하게 마주해야 하는 순간을 뜨겁게, 때론 냉철하게, 외롭지 않게 함께해 주셨습니다. 그런 순간들을 통과하며 발견이라는 진귀한 경험을 했고, 지금도 그때의 배움이 깊게 남아 있습니다.

긴 시간을 관통하며 선생님께서 하셨을 고민과 마음이 담긴 따뜻한 등불 같은 이 책을 통해 조금은 어두울 수 있고 헤맬 수밖에 없는 길을 외롭지 않게, 또 좋은 발견을 하며 걸어 나가실 수 있길 바랍니다.

홍경

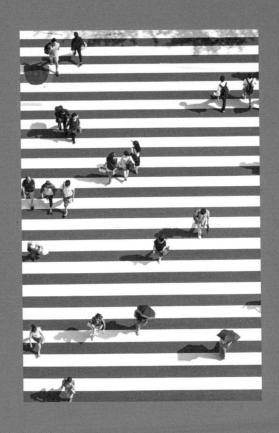

온 세상은 모두 무대이고
모든 남성과 여성은 배우일 뿐이다.
그들은 등장했다가 퇴장한다.

– 윌리엄 셰익스피어

차례

언제나 거울을 들어 주는 일

돌아보니 연기를 가르친 지
어느새 30년이 되어 간다.
오랜 시간 배우들을 가르쳐 온 만큼
누군가는 내게 특별한 연기 철학이 있지 않을까
기대할지도 모르겠다.
사실 내겐 연기 철학이랄 게 따로 없다.
그저 한 사람, 한 사람의 특성에 맞게
상황과 순간에 맞게 가르쳐 왔을 뿐이다.
무대 위에서, 연기 수업 현장에서
쏟아붓고 나면 더는 남길 것이 없었다.

보통의 직장이라면 진급의 개념이 있고
직급마다 하는 일이 조금씩 다르거나
새롭게 바뀌기도 한다.
하지만, 어쩐지 이 일은 그렇지가 않다.
연기의 초석을 잡아 주는 과정을 매번 반복한다.
스스로 그만두지 않는 한,
같은 직급으로 계속 가야 한다는 말이다.

언제나 제자들의 발전 과정을 지켜보는 일이
가치 있다는 걸 알면서도 때로는
힘에 부치고 지겨운 순간도 있었다.
그럴 때면, 내가 하는 일이

정작 내게 어떤 의미인지 알 겨를 없이
달려온 것만 같았다.
그러다 우연한 순간에 그 의미를 발견했다.
배우 홍경이 백상예술대상에서
영화 부문 남자 신인 연기상을 수상하고
내게 고마움을 전했을 때였다.

"저라는 사람에 대해
어떻게 알아 가야 되는지
마치 앞에서 거울 들어 주시듯
들어 주셨거든요."
바들바들 떨면서 전하는
진심 어린 그의 말에 나는 깨달았다.
여태껏 그렇게 가르쳐 왔고,
앞으로도 그렇게 가르칠 것이라는 걸.
늘 무대 뒤에 서 있는 나도
덩달아 상을 받는 기분이었다.

거울을 들어 준다고 해서
모두가 거울 속 자기 자신을
순조롭게 마주하는 것은 아니다.
어떤 이는 도망가거나 화를 내기도 하고,
또 어떤 이는 울기도 한다.

내가 누구인지 마주하는 일은
생각보다 쉽지 않다.
자기 자신을 알고 싶어 하는 이들만이
내가 들어 주는 거울 속을
들여다보려고 무진장 애를 쓴다.

더는 남길 것이 없다던 내가
이렇게 책을 쓰는 이유는
또 다른 의미를 찾기 위해서다.
먼저 이 길을 걸었고, 여전히 이 길을 걷는
이들과 함께하는 사람으로서
나누고 싶은 이야기가 있다.

아마도 이 책은
잘 정리된 연기 교재가 아니라
연기를 하고 또 가르치며 겪은 시행착오들을
토대로 써 내려간 연기를 대하는 태도,
결국 삶의 태도에 관한 이야기일지도 모르겠다.
정답이 없는 연기의 세계처럼,
이 글도 어떤 정답을 향해 가는 것이 아니다.
그저 지난한 이 과정을
함께, 즐겁게 걸어갔으면 좋겠다.

나는 언제나
거울을 들어 주는 사람으로 남을 테니
그 거울 안에서 당신조차 몰랐던
수많은 가능성을 발견하길
진심으로 바란다.

1부

인내의 시간

지루함에도 내성이 생겼다

—   —

생각보다 많은 사람이
연기를 배우고 싶다며 찾아온다.
그리고 그중 많은 이가
자신이 생각한 것과 다르다며 초반에 그만둔다.
화려하고 자유로운 연기를 선보이는
TV 속 멋진 배우들과는 거리가 먼
지루한 현실을 견디지 못하는 것이다.

나는 특히 연기 수업을
이제 막 시작한 배우들에게
"자신(배역)의 언어로 연기하고
상대에게 목적(배역이 전하고자 하는 바)을
정확히 이야기하라"고 자주 강조하는데,
1년 넘게 같은 말을 듣는다면
당연히 지칠 수밖에 없다.
하지만 스스로 답을 찾아 나가는
이 지루한 과정은 꼭 필요하다.

나는 애초에 연극영화과가 목표는 아니었다.

막연히 CF 감독이나 방송국 PD가
되고 싶다고 생각했는데, 해당 분야에
한양대 연극영화과 출신이 많다는
친구의 말을 듣고 목표 학과를 바꾼 케이스다.
연기의 매력에 이토록 푹 빠지게 될 줄은
정말 나조차도 몰랐다.

물론 아무것도 모르는 상태에서
처음 연기를 배웠을 때의 흥미로움은 잠시였고
곧 지루한 과정을 맞닥뜨려야 했지만
그런 지루함에도 내성이 생길 때쯤
또 다른 새로움의 문이 열리곤 했다.
무엇이든 그 특유의 매력을,
배움의 즐거움을 알기 전까지는
길고 긴 지루한 과정을 견뎌야만 한다.

나는 요즘 탁구를 열심히 배우고 있다.
그래서 화려한 실력을 뽐내고 있느냐 묻는다면,
전혀 아니다. 계속 같은 동작만 반복한다.
이쯤 되면 더 나아갈 법도 한데 싶어 답답하다가도
현재의 과정을 받아들이기로 한다.
기본이 되어야 뭐든지 할 수 있다는 것을
경험으로 알기 때문이다.

탁구를 치다 보면 어느 순간
고도의 집중 상태에 놓일 때가 있다.
머릿속의 잡음들이 일시에 사라지고
마치 명상을 하듯 마음이 차분해진다.
그럴 때면 배역에 완전히 몰입해
내가 그 사람이 되는 순간이
묘하게 겹쳐 보이곤 한다.

그리고 이어지는 찰나의 순간,
상대가 공을 어떤 식으로 나에게 넘겨주는지
잘 판단하고 반응하는 과정은
연기를 할 때 대사를 듣고 말하는 과정과 흡사하다.
여러모로 탁구와 연기는
참 닮은 점이 많다.

최근엔 의욕적으로
탁구 개인 수업을 받기 시작했다.
나이 들어 배우는 것이니
실력이 확연히 늘긴 어렵다는 게
선배 탁구인들의 중론이다.
하지만 나는 이런 편견이
의미 없음을 증명하고 싶다.

지루한 과정을 견디면
배움의 즐거움을 알게 되고
그렇게 즐기다 보면 내년에는
지금의 실력보다 훨씬 나아진 상태의 나를
만날 수 있게 될 테니까.

어떻게 기다릴 것인가

—   —

배우만큼 자신의 차례가 올 때까지
기다리는 직업이 또 있을까?
수치화할 수 있는 전문 시험이 있다거나
가산점을 받을 수 있는 자격증이 있는 게 아니니
내가 합격할 만한 상태인지
자격 요건을 따져 볼 수도 없다.
기다림의 끝이 언제일지 짐작하기 어렵다.

오디션이라는 굴레를 거쳐 배우가 되면
이 기다림은 끝이 날까?
한 작품을 한다고 해서
다음 작품이 계속 있으리란 보장이 없다.
원치 않는 공백기를
가지게 되는 경우도 허다하다.
누군가가 찾아 주어야만
지속 가능한 일이기 때문이다.

지금은 학원에서 따로 오디션을 열지 않지만,
몇 년 전에는 각 소속사의 매니저를 초청해

학원생들을 선보이는 오디션을 열기도 했었다.
대충의 원칙은 학원에 다니고 있는
사람들에게만 기회를 제공하는 것이었다.
그런데 이상하게도, 이미 수업이 끝나서
학원에 다니지 않는 한 친구가
자꾸 눈에 밟혔다.

2018년도 1월에 연기를 배우고 싶다며
찾아온 그 친구는 1년의 그룹 수업 동안
단 한 번도 빠짐 없이 수업 준비를 해 왔다.
당연한 것 아니냐고 생각할 수 있지만
내 수업에서는 손쉽게 인터넷 검색으로
연기할 장면을 찾는 것이 허용되지 않는다.

여러 작품을 보면서 자신이 연기할 장면을
직접 품을 들여 찾아야 하고
한 장면을 수없이 되돌려 봐 가며 연습해야 해서
수업 전에 배우 스스로 해야 할 일이 많은 편이다.
수업 준비만 해도 시간이 모자라서
처음엔 의욕적으로 참여하던 이들도
얼마 못 가 포기하는 경우가 많다.

가끔 자신이 어떤 독백을 연기해야 하는지

질문하는 제자들이 있는데,
나는 확실한 답을 내려 주지 않는다.
자기가 어떤 배우이고, 어떤 연기가 필요한지
스스로 깨닫길 바라서다.
이런 고민의 시간은 연기력을 향상하는
좋은 훈련이 될 수 있다.

이런 면에서, 그 친구는
단순히 수업 준비만 해 온 게 아니라
자신에게 계속 질문을 던지며
답을 찾으려 애썼다.
여러 장르의 독백을 경험하려 했고
감정적으로 표현이 어려운, 이를테면
한 장면 안에 다양한 감정이 혼재된
독백을 선택하는 것도 마다하지 않았다.
지금 자신에게 필요한 것들이 무엇인지
알아내는 감각이 탁월했다.

나는 원칙을 깨서라도 기회를 주고 싶었고
그 친구는 당시 오디션에 참여한 사람 중
유일하게 소속사와 계약을 맺게 되었다.
연기에 대한 남다른 열정과 성실함으로
내 마음을 움직인 그는

배우 황인엽이다.

그가 처음 선택한 길은 모델이었다.
그러나 모델로서는 빛을 발하지 못했다.
3년여의 모델 생활이 끝이 보이지 않는
터널과도 같은 시기였으리라.
모델이라는 직종은 선천적으로
타고난 조건이 좋아야 선택받을 수 있다.

반면 배우는 외형적인 부분도 간과할 수는 없지만
연기력이 성공에 큰 영향력을 미친다.
어두운 시기의 끝자락에 황인엽은 어쩌면
모델보다 더 성공을 예측하기 힘든
배우의 길을 선택했다.
그리고 그 간절함은 2년여의 세월을 거치며
조금씩 효력을 발휘했다.

대부분 1년 정도 배움의 시간이 지나면
조급함으로 인해 연기가 정체기를 겪거나
퇴보하는 경우들이 종종 발생한다.
오디션 기회가 좀처럼 주어지지 않고
그나마 어렵게 지원한 오디션에서 연속 낙방하면
직업 자체에 회의를 느끼기도 한다.

하지만 황인엽은 자기가 할 수 있는 것을 하며
묵묵히 자신의 날을 기다렸다.
기다림의 시간을 어떻게 보내는지에 따라
배우의 인생이 바뀌기도 한다.

〈녹두전〉에 캐스팅되면서
개인 수업으로 다시 만난 그는
선배 배우들을 보며 자신도 언젠가는
꼭 캐스팅된 대본을 가지고
개인 수업을 받겠다고 다짐했었는데
이제야 소원이 이루어졌다며
들떠서 이야기했다. 이후로도
〈18 어게인〉〈여신강림〉〈왜 오수재인가〉등
여러 작품에 출연하며 여전히 성실히 나아가고 있다.

기다림의 형태는 다양하다.
밀어 두었던 영화와 드라마를 열심히 보거나
자신이 할 연기에 필요한 대사가 있다면
연기 노트에 부지런히 스크랩할 수도 있다.
설사 아무런 결실이 없더라도
목표한 오디션이 있다면 힘껏 문을 두드리며
그 시간을 보낼 수도 있다.

**기다림의 시간은 배우로서
정지된 시간을 의미하는 것이 아니다.
그 어느 때보다 바쁘게 살아야 할 시기다.**
불안이나 조급이라는 단어가
마음에 자리할 틈을 내주지 말아야 한다.
기다림을 헛되이 보내지 않는 그 시간이
단단한 배우로 성장하는 토대가 되어 줄 것이다.

두 가지 가장 강력한 전사는
인내와 시간이다.

– 레프 톨스토이

몸이 된 언어

—   —

유명한 스포츠 스타들의 다큐멘터리를 보면
그들의 노력에 절로 경의를 표하게 된다.
경기에 서는 건 잠깐이지만, 그 잠깐을 위해
수많은 시간을 보이지 않는 곳에서
고강도 훈련을 견디니까 말이다.
단순히 좋아서 하는 일 이상의 무언가가
있지 않고서야 이렇게까지 할 수 있을까 궁금하다.

흔히 일이 '손에 익는다'는 표현을 많이 쓰지만
그들을 보면 말 그대로 '몸에 익는' 것 같다.
어떤 조건이나 환경에 구애받지 않고
최선의 경기력을 발휘할 수 있는
가장 확실한 방법은 이미 몸에 배어 있어서
자연스럽게 나오는 것일 테니까.
배우 일에도 조금은 비슷한 면이 있는 것 같다.

한번은 에이포 용지 세 장 분량의
독백을 연기한 적이 있었다.
주인공이어서 분량이 많았다지만

연극에서의 독백은 아무리 길어도
에이포 한 장을 넘지 않는 게 일반적이다.
그렇게 긴 독백은 처음이어서 걱정됐지만
그만큼 영광스럽기도 했다.
어떤 장치의 도움도 없이 혼자
긴 분량의 대사로 극을 이끌어 간다는 것은
배우에게도 흔치 않은 행운이다.

공식 연습 시간 외에도 등산로를 산책하면서
녹음한 독백 테이프를 틀고 운전하면서
동료 배우들에게 들려주면서…
언제 어디서든 끊임없이 연습했다.
때론 건조하게, 때론 과장해서 연기해 보며
긴 독백 장면을 지루하지 않게
구성할 방법도 고민했다.
대사를 따로 외우지는 않았다.
이미 이 일련의 과정을 통해 자연스럽게
몸에 배어 버렸기 때문이다.

극장에 오로지 나와 관객만이 존재하는
마법 같은 순간, 나는 독백을 쏟아냈고
관객들의 박수 소리에 퍼뜩 정신이 들었다.
현장이 마치 독백 콘서트처럼 느껴졌다.

배역의 언어가 내 몸에
체화되었다는 걸 그때 실감했다.

수업 시간에 보면
유독 대사에 쫓기는 친구들이 있는데
아직 몸에 체화되지 않아서 그렇다.
말에 쫓기지 않고 말을 쫓으려면,
연기가 아니라 그냥 그 사람이 되어서 말하려면,
배역의 언어가 내 몸에 체화되어
결국 내 호흡으로 말할 수 있어야 한다.

대본 자체도 작가의 말법이기 때문에
우선 배역의 언어로 만들고 난 다음,
그 배역을 연기하는 나의 언어로 만들어야 한다.
그렇게 언어가 내 몸에 스며야
어디서든 자연스럽게 흘러나올 수 있다.
적어도 한 작품을 하는 동안은
그 배역으로 살아간다는 말이 틀린 말이 아니다.

선택과 집중이 필요한 시간

—   —

연기 수업은 자기 자신을 들여다보며 파악하고
배우가 되기 위한 훈련을 하는 과정이다.
스스로 목표치를 정해 놓고 열심히 한다면
어떤 기술도, 감정 표현도 결국은 가능하다.
나만 잘하면 얼마든지 성취감을 맛볼 수 있다.

그러나 오디션은 그렇지 않다.
내가 잘해서 생긴 성취감에 '합격'이라는 보상이
뒤따르지 않으면 좌절하게 된다.
그 상심의 깊이는 말로 표현할 수 없겠지만,
배우가 되려면 거쳐야 할 통과의례이자
늘 혹시나 하는 기대에
계속 도전하게 만드는 오디션은
배우에겐 가장 매혹적인 단어일 것이다.

나는 선택과 집중이라는 말을 참 좋아한다.
짧지만 강렬한 이 단어들이 주는 힘을
배우들이 오디션에 임하는 태도에도
적용했으면 좋겠다.

자신이 볼 오디션을 선택하고
그것에만 집중했으면 한다.
가뜩이나 가뭄에 콩 나듯 오디션을 보는데
지금 무슨 헛소리냐는 흥분된 목소리가
어디선가 들리는 것만 같다.

내 말뜻은 모든 오디션에 참가했다가 떨어지면서
불필요한 좌절감을 일일이 느끼지 말자는 것이다.
한번 잘 생각해 보자.
내가 본 오디션 중에 얼마나 많은 오디션이
내가 안 봐도 되는 오디션이었는지.
일단 합격하자는 마음으로 달려들었지만
성과가 없다면 알 수 없는 조급함만 키우고
자존감도 급격히 떨어진다.

공고가 올라오는 모든 오디션을 보는 일은
이제라도 중단하고, 해야 할 연기 목록을
작성하는 일이 우선시되어야 한다.
나는 어떤 이미지의 배우인지
어떤 색깔의 캐릭터를 가지고 있는지
집중해서 면밀히 분석할 필요가 있다.
나라는 배우를 구체적으로 그려 본 이후에
도전할 오디션을 선택하는 게 현명하지 않을까.

그리고 자신이 준비해 가는 대사가
누구나 쉽게 선택하는 대사는 아닌지
인터넷에 검색해 보는 정도의 노력은 필요하다.
희소가치가 있는 독백 위에 흉내 낼 수 없는
나만의 연기를 올리려고 집중해야 한다.
독백의 참신함과 연기의 개성이 더해진 후에는
스스로를 믿고 자신 있게 연기하면 된다.

오디션에 몇 번 떨어졌다고
익숙한 대사나 격정적인 감정 표현에만 치중하면
결국 자기 색을 잃게 된다.
그렇다고 자아도취형 연기를 하라는 게 아니다.
내 연기가 보는 사람에게도 잘 전달될 것이라는
확신이 들 때까지 연습을 거듭해야 한다.

정지우 감독의 〈4등〉이라는 영화가 있다.
내용을 모르더라도 제목부터
많은 생각을 하게 만든다.
우리 사회는 3등까지만 인정한다.
과정을 보지 않고 결과만 바라봤을 때 그렇다.
그러나 지금의 3등, 2등, 1등도
4등까지밖에 못 갔던 때가 혹은 아예
순위권에 들지 못했던 때가 있었을지도 모른다.

상위권에 들었다고 해서
그 순위가 영원하리란 법도 없다.

중요한 것은 어떤 과정을 거쳐
그곳에 도달했고, 또 어떤 과정을 거쳐
다음으로 나아가느냐가 아닐까.
그러니 지금 오디션에서 계속 떨어진다고 해서
절대 자책하거나 자신의 연기력을
혐오할 필요가 없다.

재능이 없어서라는 변명

—   —

원빈과 영화 〈아저씨〉 대본으로
수업할 때였을 것이다.
가슴에 통증을 느낀 주인공이 현기증이 나서
다리가 풀리는 장면을 두고 고심 중이었다.
그러다 우연히 시범을 보인 연기가
원빈의 마음에도 들었던 모양이다.
그는 그 감각이 완벽해질 때까지 거의 몇 시간을
내 멱살을 잡고 끌고 가는 수준으로 수업에 임했다.
그래도 부족했는지 그다음 수업 때까지 연습해 와서
나에게 모니터링을 요청했다.

그의 가장 큰 장점은
연기하면서 어떤 문제에 봉착하면
해결될 때까지 포기하지 않고
끈질기게 물고 늘어지는 점이다.
조금 애써 보다가 슬쩍 못 본 체하거나,
차라리 일찌감치 포기하고 스트레스 덜 받는
쉬운 방법을 찾을 법도 한데
그는 한번 물면 절대 놓는 법이 없었다.

무엇이든 온전히 자기 몸에 꼭 맞게
만들려고 노력하는 친구였다.

나도 그 당시는 배우를 하면서
연기를 가르치고 있었기에
배우로서 그의 욕심에 동의하면서
또 내심 그 끈질김이 부러웠다.
우리는 한 장면을 수도 없이 연습했다.
그리고 마침내 영화 시사회에서 본 그 장면은
수업에서와는 비교도 안 될 정도로
훨씬 더 깊이가 느껴졌다.
수업 시간이 아닐 때도
스스로 피나는 노력을 했다는 증거였다.

시작은 나의 아이디어에서 출발했을지 몰라도
배우 스스로가 연구하고 훈련해서
자신만의 연기로 표현하지 못한다면
아무 소용이 없다.
그 아이디어를 자기 것으로 착각할 만큼,
정말 그 정도로 노력하는 것이 중요하다.
원빈은 그런 노력을 통해 얻어지는
성취를 즐길 줄 아는 친구였다.

예술가들은 매일 재능이라는 단어와 씨름한다.
내가 정말 재능이 있는 건지,
하루에도 수십 번 이 혹독한 질문을
자신에게 던지고 상처받기 일쑤다.
재능을 계량하는 게 가능하긴 할까?
재능은 어느 한 가지로 단정 지을 수 없다.
인내심이 있는 것도, 소통 능력이 좋은 것도,
노력하는 것도 재능이 될 수 있다.
그러니 노력과 재능을 분리해서 생각하는 것은
이제 그만 멈출 때가 됐다.

"저는 열심히 노력하는데 운이 지지리도 없어요."
이렇게 말하는 사람이 있을지도 모르겠다.
나도 어떤 일이든 결국에는
운이 따라 줘야 한다고 믿는 편이다.
문제는 그 운이라는 것이 대체 언제 찾아오는지
누구도 알 수 없다는 것이다.

준비된 자에게 기회가 온다는 진부한 말처럼
운을 끌어당기는 것은 결국 노력이다.
기회가 왔을 때 잡을 수 있으려면
그전에 수많은 노력이 뒷받침되어야 한다.
재능이 없다고 변명하는 대신

운이 안 좋다고 운명을 탓하는 대신
'노력이라는 재능'을 이제라도 좀
개발해 보는 건 어떨까?

제가 터득한 진리 중 하나는
연습하고 노력하지 않으면 안 된다는 거예요.
천부적인 사람들이 가끔 있을 수도 있지만
저는 그렇지 않다는 걸 이미 오래전에 깨달았어요.
그러니 노력, 노오력 하지 않으면 안 돼요.[◎]

– 윤여정

실이 있으면 득이 있는 법

—   —

코로나19 초입에 서둘러 학원을 휴원하면서
비대면 연기 수업으로 전환했다.
배우들은 연기 영상을 직접 촬영해야 했는데,
단순히 찍기만 하는 게 아니라
내가 제시한 구체적인 방식을 꼭 따라야 했다.

첫째, 무조건 혼자서 작업할 것.
현장에 첫발을 내딛는 배우를 가장 괴롭히는 건
긴장도 실수에 대한 두려움도 아닌 '외로움'이다.
많은 사람이 모여 바삐 돌아가는 현장에서는
누구도 친절하기 어렵다.
홀로 외로운 섬이 된 느낌일 것이다.
미리 지독한 외로움을 경험해 보게 하고 싶었다.

둘째, 한 영상에 카메라 풀 숏full shot
니 숏knee shot, 버스트 숏bust shot
클로즈업 숏close-up shot

◎ 김도훈, 〈'노오오력' 하는 사람 윤여정 "전략 좀 짜지 마셔"〉, 《한겨레》, 2017년 5월 11일.

이렇게 네 개의 숏이 필수로 들어갈 것.
숏의 개념과 각 숏에서 어떤 표정을 짓고
어떻게 움직여야 하는지
스스로 깨닫게 하는 과정이다.

셋째, 여러 숏 중에 베스트 숏들을
추려서 편집 작업을 할 것.
카메라 연기는 '편집점'을 알고 있어야
본인의 연기에 날개를 달아 줄 수 있다.
이 작업에서 모든 배우가 그야말로
영혼까지 탈탈 털리는 경험을 했다고
나중에 내게 털어놓았다.

누군가에겐 하루를 통째로 쏟아부어도
모자랄 만큼 고된 작업이었다.
편집에 중점을 두다 보니
어색한 장면이 있으면 다시 찍고
그렇게 각 컷을 붙이고도 부족하게 느껴지면
또 재촬영하고 편집하는 식이었다.

이 연속선상에서 다들 지쳐 갔고
어떤 친구는 결국 포기했다.
나는 첫 주 수업을 해 보고 이렇게 하는 것은

무리라고 판단하여 격주로 수업을 진행했다.

물론 수확도 있었다.
대면 수업에서 연기할 때
쓸데없는 잔 동작이 많았던 친구가
비대면 수업을 통해 점차 달라지기 시작한 것이다.
자주 미간을 찌푸린다거나
불안하게 고개를 움직이는 행동이 현저히 줄었다.
수업의 밀도를 따지자면
대면 수업이 훨씬 더 높았는데도
그 친구에게는 비대면 수업이 더 효과가 있었다.

어떻게 된 건지 묻자 그가 쭈뼛대며 말했다.
"사실 대면 수업을 할 때는
모니터링을 제대로 안 했던 것 같아요.
비대면 수업은 제가 영상을 편집하고
수정도 해야 하니까 어쩔 수 없이
저를 많이 보게 되더라고요.
선생님이 말해 주신 제 나쁜 버릇들이
그제야 정확히 보였고 안 좋은 습관을 없애려고
이것저것 시도해 봤어요."
그 말이 반갑기도 했고 약간 허무하기도 했다.

배우가 모니터링을 한다는 것은
현재의 자신과 마주 서야 하는 것인데,
자신의 얼굴과 목소리를 마주하는 일은
생각보다 쉽지 않다.
많은 신인 배우가 건성으로 모니터링을 하면서
자신과의 만남을 회피한다.
이상과 현실의 괴리를 감당하기 힘들어서다.

주연급 배우들은 대개 모니터링을 열심히 한다.
가끔 현장에서 찍은 영상을
수업 때 가져와서 보여 주기도 하는데,
그들은 늘 관객들에게 더 나은 연기를
선보이고자 하는 프로의식이 있다.
모니터링은 연기 수정에 도움이 될 뿐 아니라
자신을 객관화해서 관객의 시점으로
바라볼 수 있게 하는 좋은 장치다.

모니터링의 중요성 이외에도 비대면 수업을 통해
배우들은 자신의 부족한 면을 발견하고
스스로 일어서는 법을 배웠고,
현장 스태프(연출, 촬영, 편집 등)들의 고충을
적게나마 경험할 수 있었으며
연기할 때의 막막함을 헤쳐 나갈

힘을 기를 수 있었다.

인생사가 그렇듯이
득이 있으면 실이 있는 법.
몇몇 제자들은 너무 힘들다는 이유로
내 곁을 떠나기도 했다.
좋은 수업을 제공해 주고 싶었던 마음을
왜 몰라주는지 그 순간에는
안타깝고 서운한 마음이 들었지만
지나서 생각해 보니, 모든 수업이 모든 학생과
다 잘 맞길 바라는 건 욕심이라는 생각이 든다.

배우들도 배우들이었지만,
실은 나에게도 혹독한 과정이었다.
그동안 대면 수업에서도
촬영하고 모니터링을 진행했던 터라
처음엔 그리 어렵지 않을 거라 생각했다.
문제는 그 많은 배우의 영상을 일일이 확인하고
코멘트를 정리하고, 배우마다 상태에 맞춰 수업을,
그것도 전화로 한다는 것이 시작의 열정을
무력하게 만들 줄은 미처 생각지 못했다.

하지만 실패나 성공보다 중요한 건

무언가를 해 봤다는 것이니까.
잃은 것보다 얻은 것에
더 의미를 두기로 했다.

중간 지대에서

―   ―

"배우가 제일 연기를 잘할 때는

돈이 급할 때예요.

나는 배고파서 한 건데

남들은 잘했다고 하더라고요.

(…) 그래서 예술은 잔인한 거예요." ◎

과거 한 방송에 나온 윤여정 배우의 이 말은

배우라는 직업을 낭만적으로만 접근하는

사람에게 들려주고 싶은 현실적인 조언이다.

좋아서 선택한 일이라도 '일은 일'이다.

이 길을 꽃길로만 인지한다면

낭패감에 빠지기 쉽다.

예술과 돈, 가장 대척점에 있는 것 같지만

직업이 되면 이야기는 달라진다.

배우라는 직업도 결국 예술과 사회

그 언저리에 존재한다.

◎   MBC〈황금어장 무릎팍도사〉, 2009년 12월 9일.

마치 천 겹의 잎사귀가 켜켜이 있는 밀푀유처럼
예술 안에 사회가 있고
그 사회 안에 또 예술이 존재하는 식이다.

나는 본인만 들을 수 있는 목소리로
혼자 속삭이듯 연기하는 배우에게 묻곤 한다.
"네 연기를 돈으로 환산했을 때
어느 정도의 가치가 있을까?"
속물 같아 보이지만 굉장히 중요한 질문이다.
나는 제자들에게 배우는 연기를 하고
그에 따른 대가를 받는 직업임을 알려 주고 싶다.
TV나 스크린 앞으로 사람들을 불러 모으고
그들을 (어떤 의미로든) 감동시켜야 하는
막중한 임무가 있다.

배우는 인지도가 쌓이고 유명해질수록
더 많은 출연료를 받게 되지만
그렇게 된다는 보장도, 기간도
누군가 장담해 주지 못한다.
유명해지기 전까지는 평균 이하의 삶을
살아갈 수도 있다.

빛나는 한 면만 보기엔,

반대편의 어둠은 상상을 초월한다.
모든 일이 그렇듯, 좋아하는 것만 할 수 없고
당연히 업무 스트레스도 있다는 것을
항상 기억해야 한다.

미국의 유명 배우 존 말코비치는
자신이 영화에 출연하는 이유를
"마음껏 연극할 수 있는 생활을
책임지기 위해서"라고 말했다고 한다.
그는 생활인과 예술인의 중간 지점을
정확히 이해하고 있었다.
배우는 연기로 돈을 버는, 즉 '생활 예술인'이다.
이 중간 지점을 잘 영위하며 살아가야 한다.
둘 중 하나에 너무 치우쳐 버리면
인지 부조화가 생기면서 길을 잃기 쉽다.

나는 가끔 일본의 대형 기획사처럼
배우 일에도 연봉제를 도입해 보면 어떨까
혼자 상상해 본다. 누군가는 이 발상만으로도
예술과 돈을 묶어 버린다며 인상을 찌푸리겠지만,
배우도 직업이라면 못할 건 없지 않은가.
오히려 배우가 자기 관리에 더 신경 쓰면서
배우와 소속사 모두가 윈−윈하는

구조가 될 수도 있지 않을까.

아마도 대한민국에서는

벌어지지 않을 일 같긴 하지만….

누구나 배우가 될 순 있지만
아무나 배우가 될 순 없다

나는 제자를 가려 받지 않는다.

이유는 단순하다.

'누구나 배우가 될 수 있다'고 믿기 때문이다.

분명히 훌륭한 배우가 될 거라고

믿어 의심치 않았던 제자가

배우의 문턱에서 포기하는 경우도 보았고

특별히 눈에 띄지 않던 제자가

유명 배우가 되어 가는 걸 목격하기도 했다.

그래서 첫인상이나 몇 번의 연기만으로

그 배우의 전체를 결정지으려 하지 않는다.

이런 소신을 지켜 온 지는 꽤 오래됐는데,

소신을 확신으로 만들어 준 후배가 있다.

바로 배우 이정은이다.

한양대 연극영화과 1년 후배인 이정은은

대학 다닐 때 주로 나이 든 여자 역할을 맡았었다.

당시에 주인공을 꿰찰 만큼 눈에 띄는

독보적인 친구들이 있었던 것도 아니었는데,

주목받는 배역은 그녀의 몫이 아니었다.

어쩌면 좁은 선택지들이
불만스러웠을 법도 한데,
그런 것들은 아무 상관 없다는 듯이
오로지 주어진 역할에 최선을 다했다.
그녀의 집요한 성실함은 늘 감탄을 자아냈다.

한번은 수업 중 교수님이 말씀하셨다.
"글을 쓸 때는 띄어쓰기와 문장 부호를
염두에 두고 맞춤법에 맞게 쓰지만,
말하거나 글을 읽을 때는 다르다.
그래서 연기할 때는 물음표, 쉼표, 느낌표,
말 줄임표 등은 무시하고 말해야 한다."
당시엔 그 말이 꽤 충격이었다.
평소 말할 땐 문장 부호를 떠올리며
말하지 않는다는 사실을 새삼 되새기며
대사 연기를 할 때 늘 주의하려고'만' 했다.

그런데 이정은은 손으로 일일이 문장을 적어가며
띄어쓰기를 없애고, 문장 부호들을 넣지 않은
자기만의 대본을 만들었다.
글자들로만 빼곡히 차 있는 그녀의 대본을 보며
경탄과 자책이 스쳐 갔다.
나는 왜 그런 방법에 도달하지 못했을까?

그때 나는 연기를 잘하고 싶다는 생각에만
휩싸여 있었지, 연기가 무엇이고
연기와 친해지려면 어떻게 해야 하는지
구체적인 고민은 부족했다.
경쟁이라도 하듯 다른 사람들보다
연기를 잘하고 싶은 마음만 넘쳤던 것이다.
나름대로 소신을 지켜 오며 깨달은 것이라면
이 일을 좋아하는 사람,
힘들더라도 잘 버텨 내는 사람에게는
분명 '자기 차례'가 온다는 것이다.

이정은이 긴 무명 생활을 하며
생활고에 시달렸다는 사실은
이미 공개된 인터뷰들로 잘 알려져 있다.
오랜 시간 자신을 증명해 보이려 지독히도
외로운 싸움을 했을 거라는 짐작이 가지만,
어쩌면 그녀에게는 싸움이 아니었을지도
모르겠다는 생각이 들었다.

'신스틸러' '주연보다 기억에 남는 조연'이라는
수식어를 얻게 된 바탕에는
주목받는 역할에 대한 욕심보다
그저 연기가 좋았고, 배우가 계속하고 싶었고

그래서 주어진 역할에 최선을 다한 시간이
있었기 때문에 가능하지 않았을까.
꾸준한 진심이 어느 순간
관객의 가슴에 닿았을 것이다.

나도 누군가를 가르치는 입장이 되어 보니
이런 제자를 만나는 것은 참 즐겁고
복 받은 일이라는 생각이 든다.
선생이 의도하는 바를 정확히 이해하고
본인만의 방법으로 발전시켰으니
얼마나 기특한가.

그리고 다시 한번 깨닫는다.
누구나 배우가 될 순 있지만
아무나 배우가 될 순 없다고.
연기를 대하는 꾸준한 진심,
그 진심을 전달하기 위해 쌓아 온
성실한 시간이 밑바탕 되지 않는 한,
불가능하다는 것을.

노력과 운이 맞아 떨어지는 순간이
한 번은 꼭 온다.

- 마크 러팔로

2부

발견의 시간

Actor's nightmare

—   —

20대 후반이었을 무렵
나는 비극과 희극 두 작품 동시 출연에
비극에서는 주인공을 맡게 되었다.
그때는 모든 걸 다 이룬 기분이었다.
신문에서 연극을 비중 있게 다루던 시절이라
기사에 내 얼굴이 대문짝만하게 실렸다.
이때만 해도 전혀 알지 못했다.
내 생에 지울 수 없는 트라우마가 남으리라고는.

공연은 임박해 오는데
연기의 결과물은 만족스럽지 않았다.
그래도 비극 연기는 평소 꾸준한 관심으로
부끄럽지 않을 정도라고는 생각했지만
희극 연기가 내 발목을 잡았다.
하지만 공연은 내 사정따위 봐주지 않는 법.
연극은 무심히 시작되었고
관객의 반응은 역시나 냉담했다.

희극 연기가 위축될수록

상대적으로 쉽고 편하게 느껴지는
비극 연기에 더 힘을 쏟았다.
솔직히 말하면 '도망'쳤다.
아무리 도망쳐 봐도 결국 막다른 골목에
다다르게 되어 있다는 걸 알면서도.

공연이 끝나갈 시점에 사건이 터졌다.
연극 관람을 좋아하는 소규모 모임 중에서
어떤 한 그룹이 내 연기를 혹평하는 글을
인터넷에 올렸고 같이 공연하던 얄미운 선배가
그 글을 정성껏 퍼 날라 주었다.
나는 그야말로 패닉 상태가 되었다.
그 혹평이 어떤 내용이었는지,
공연을 어떻게 끝냈는지는 잘 기억나지 않는다.
애써 기억에서 지워 버렸던 것 같다.

그 사건이 큰 상처로 남아서인지
수십 년이 흐른 요즘도 가끔 악몽을 꾼다.
꿈의 내용은 대충 이렇다.
대사를 완벽히 외우지 못한 상태로
무대에 오른 채 입도 뻥긋하지 못하고 서 있다.
눈앞이 서서히 깜깜해지며
어둠 속에서 관객들의 수많은 눈이

일제히 나만 바라보고 있다.

Actor's nightmare,
배우들이 흔히 꾸는 꿈으로
무대 위의 약속을 제대로 이행하지 못해서
심하게 당황하는 악몽을 말한다.
사람들에게 보여지는 직업인 만큼
타인의 평가가 스트레스일 수밖에 없다.
잘 해내야 한다는 압박감과 부담감이
꿈에서까지 이어지는 것이 아닐까.

수업 시간에 보면
분명 대사를 완벽하게 외웠는데
내 앞에만 서면 머릿속이 새하얘진다거나
혼자서는 눈물까지 펑펑 쏟아가며 연습했는데
막상 연기를 하려니 감정이 싹 말라 버린
느낌이 든다고 말하는 친구들이 있다.
내가 어떤 평가를 내릴지 두렵기 때문일 것이다.
하지만 긴장감이 높을수록
연기의 완성도는 떨어질 수밖에 없다.

'타인의 시선'은 양날의 검과 같아서
부정적인 시선은 물론이거니와

긍정적인 시선도 잘 다루어야 한다.
칭찬은 고래도 춤추게 한다지만
거듭되는 칭찬에 맞춰 열심히 춤추다 보면
기대에 부응하기 위한 연기에 초점이 맞춰지기 쉽다.
애초에 자신이 하고자 하는 연기 방향에서
멀어질 수 있는 것이다.

타인의 시선을 받아들이되,
영리하게 필터링할 줄 알아야 한다.
칭찬에만 너무 매몰되지 말고
비판과 비난을 구분하고 부족한 점은
진지하게 받아들여서 고치려고 노력하자.
자신에 대한 평가를 객관적으로
수용하는 연습이 필요하다.

배우라는 직업은 수많은 사람과의
협업이 필요한 일이지만
연기를 하는 그 순간만큼은 무대 앞의 혹은
스크린 너머의 수많은 눈을
홀로 마주해야 하는 지독하게 외로운 일이다.
오죽하면 Actor's nightmare라는 말이 있을까.

하지만 피할 수 없는 숙명이라면

이겨 내는 수밖에 없다.
타인의 시선이 동력이 될지
트라우마가 될지는
배우 자신에게 달려 있다.

'나'라는 악기 다루기

—   —

많은 사람이 연기를 잘하는 배우는
외향적인 성격을 갖고 있다고 생각한다.
하지만 내 경험상으로 보면
연기와 성격은 별 관련이 없다.
물론 외향적인 성격이 배우가 되는 데
유리한 출발점이 될 수는 있겠지만
외향적이어야 배우로 성공한다는 말은
아무래도 불편하게 들린다.

외향적인 배우들은 소통 능력이 좋고
분위기를 이끌어 갈 줄 안다.
다만 연기 관련된 지적을 받으면 순간적으로
집중력이 흐트러지는 경우를 많이 봤다.
아무래도 평소 시선의 방향이
내면보다는 바깥을 향하는 편이라
내면의 탐구가 익숙하지 않은 건지도 모르겠다.

오히려 내가 본 배우들은
대개 내성적인 편이었다.

평소 내면을 들여다보는 습관이
감정이 올라오는 순간을 감지하는
탁월한 능력을 길러 주어서인지
그들은 자기 내면에 집중할 줄 안다.
보고 있으면 정서적인 감각이 탄탄하게 느껴진다.

어떤 성격이든 장점과 단점이 있고
연기할 때 특별히 유리한 성격 같은 건 없다.
중요한 건 연기를 처음 배우는 시기에
자신의 성격을 잘 파악하는 것이다.
성격이라는 중심점이 있어야
내가 연기할 배역의 성격이 내 성격과
얼마나 가까운지 또는 먼지
거리를 더 수월하게 파악할 수 있다.
그런 측정을 기준으로 연습할 때
조금 더 신경 써야 할 부분들을 결정할 수 있다.

성격을 파악하기 위해서는
매 순간 자기 상태를 지켜볼 필요가 있다.
어떤 순간에 기분이 좋아지거나 혹은 나빠지는지
어떤 이야기에 불쾌함을 느끼는지 등
평소에 세심히 관찰하고
일기처럼 작성해 보는 것이 좋다.

마치 뛰어난 연주가가
항상 자기 악기 상태를 꼼꼼히 점검하고
소중하게 다루는 것과 같은 개념이다.

연주가는 자신과 관객을 연결시키는
악기의 특성을 잘 이해하고
그 성격에 어울리는 좋은 음악으로
관객에게 보답해야 한다.
배우도 '나'라는 악기를 잘 알아야만
악기를 잘 연주할 수 있다.
'자기 객관화' 과정이 선행되어야 한다는 뜻이다.
악기의 특성을 고려하지 않으면
성격이라는 벽에 부딪히고 말 것이다.

초반에 성격을 잘 파악했다면
점점 중립 상태에 자신을 놓아둘 필요가 있다.
아무리 내성적인 사람이라도
매 순간 내성적이지는 않을 것이다.
외향적인 사람들도 자신 안에 침잠해야 하는
순간이 분명 존재할 것이다.
각자 그때 생겨나는 감정들을
잘 붙잡아 두어야 한다.

따뜻한 욕조에 몸을 담글 때
내면의 목소리에 귀 기울여 보거나,
산책하면서 귓가의 소음에 집중해 보고
자기 내면과 연결 지어 보는 훈련도 도움이 된다.
이런 과정들을 통해 때로는 외향적이고
때로는 내성적인 성격으로 상황에 맞게
자신을 변화시킬 줄 알아야 한다.

◎ 한야 야나기하라, 권진아 옮김, 《리틀 라이프 2》, 시공사, 2016.

연기는 일종의 사기여서
자기가 자기를 믿지 못하면
다른 모든 사람들도 못 믿게 된다.◎
–《리틀 라이프 2》

취향이라는 약과 독

—

배우가 작품을 택하는 기준은 다양하다.
때론 사회적으로 큰 울림을 주는 메시지가
담긴 작품을 선택할 수도 있다.
다만 작품 자체의 의미와는 별개로
배우는 작품의 흥행을 책임지는 입장이기에
여러 부담감이 작용할 것이 뻔한 작품을
주제만으로 과감히 선택하기는 쉽지 않다.

그런데 한지민은 주저 없이
〈미쓰백〉이라는 작품을 선택했다.
평소 관심 있던 주제인 아동 학대를
심도 있게 다루고 있어서였다.
작품을 통해 아동 학대의 심각성을
널리 알릴 수 있는 기회라고 생각한 것이다.

남자 주인공 원 톱이 대부분인 영화계에서
여자 주인공이 극을 끌고 나가는 작품은
설 자리가 비좁은 게 현실이다.
게다가 〈미쓰백〉은 지금까지 맡았던 역할과는

또 전혀 다른 연기 변신이 필요한 작품이었다.
그녀는 나중에 한 프로그램◎에 나와서,
당시 대중이 기대하는 이미지와 달라서인지
투자자와 배급사를 찾기 어려웠다고 고백했다.

이 작품으로 한지민은 데뷔 15년 만에
첫 여우주연상을 거머쥐었다.
그동안 마음고생한 걸 바로 옆에서 봤기에
수상 소감을 말하며 흘리는 눈물이 기쁨보다는
다양한 의미의 무게감이 내포된 눈물처럼 느껴졌다.
주연 배우로서 큰 부담을 짊어졌을 그 시간을
잘 견딘 제자가 그저 대견했다.

취향은 그 사람의 가치관을 보여 주기도 한다.
그런 면에서 한지민은 개인적으로 관심을 가지고
지켜 봐 오던 것이 있었기에
선뜻 선택하기 어려운 작품에
좀 더 확신을 가지고 임할 수 있었다.
개인의 취향이 일할 때 '약'으로 작용한 것이다.

내가 평소 무엇을 좋아하고 싫어하는지

◎ tvN 〈유 퀴즈 온 더 블럭〉, 2022년 7월 6일.

어떤 것에서 가치를 발견하는 사람인지
자신의 취향을 잘 알고 있는 것은 도움이 된다.
다만, 배우라는 직업인으로서의 취향은
내려놓을 필요가 있다고 생각한다.
그렇지 않으면 취향은 '독'이 된다.
자신이 싫어하는 장르에 캐스팅되었다고
취향 타령하며 거절할 순 없지 않겠는가.

그래서 나는 수업 때마다 로맨스물
연애 대사만 준비해 오는 제자에게
가족의 사랑 혹은 친구와의 우정에 관한
대사를 찾아보라고 권한다.
개인의 관심사를 토대로 배우로서 취향을
넓혀 가는 방법을 알려 주고 싶은 마음이다.
사랑에도 갖가지 모양과 폭이 있으니까
여러 사랑을 경험해 보면서 점차
한 장르만을 고집하는 것에서 멀어져야 한다.

어느 누가 내가 좋아하는 장르에서만
시험 범위를 정해 주겠는가.
관심 밖의 장르에서 대사를 찾는 일은
고역이겠지만, 분명 좋은 공부가 된다.

올바른 질투 사용법

—   —

20대 초반에는 배우를 하겠다는
일념으로 가득했었다.
20대 중반까지는 같은 과 선배나 동기가
배우로서 하나둘 성공하는 것을 보면서
축하해 줄 마음의 여력도 있었다.
곧 있으면 내 차례가 올 거라고 믿었으니까.
그러나 20대 후반이 되면서부터
더는 축하할 마음의 힘이
남아 있지 않다는 것을 깨달았다.

다들 앞으로 나아가는데
나만 멈춰 있는 것 같다는 생각에
견디기 힘든 질투심이 생겼다.
하지만 부정적인 마음은 연기에 전혀
도움이 되지 않는다는 생각에
극에 달한 부러움을 티 내지 않으려 애썼다.
TV나 영화에 출연해야만 성공이 아니라며
끝없이 자기 위로를 하는 날들이 이어졌다.

그러는 사이에 내 안은 서서히 곪아 갔다.
그때 내 마음에 급속도로 자라나는 질투심을
외면하지 말고 인정했더라면 얼마나 좋았을까?
연기할 때와 마찬가지로, 연기를 가르치면서도
늘 남과 나를 비교할 수밖에 없는
상황에 맞닥뜨리곤 한다.

나는 연기 학원을 운영하면서 한 번도
학원 홍보를 위해 광고를 해 본 적이 없다.
화려한 광고로 배우 지망생들의 관심을 끄는
다른 연기 학원을 보면서 질투심이 일었고
이 상태로 괜찮을까 내심 불안한 마음도 있었다.
하지만 다시 생각해 봐도
그런 방식은 애초 나의 생리와는 맞지 않았다.
나는 내 안에 피어나는 질투를 인정하되,
그 질투의 힘을 연기를 더 잘 가르치는 데
쏟아붓자고 다짐했다.

제자가 기억에 남는 배우로 성장하는 것이
더 뛰어난 홍보라고 생각했다.
그리고 그 생각은 예외 없이 적중했다.
별다른 홍보를 하지 않아도
제자들의 이름이 세상에 알려지면서

덩달아 나의 이름도 빛을 보기 시작했으니까.

우리는 살면서 나와 남을 비교하기도 하고
혹은 누군가로부터 비교당하기도 한다.
내 경험상 질투는 나쁜 감정이 아니다.
**질투의 대상을 깎아내리려 애쓰는 데
시간과 힘을 낭비하지 않을 수 있다면
질투심이 생겼을 때 마음껏 그 감정을
느껴 보는 것도 나쁘지 않다.**

질투심을 불러일으키는
상황이나 사람을 만나게 된다면,
감정을 외면하지만 말고
나에게 적용할 건 없을지
호기심 어린 눈으로 관찰해 보자.
나를 더 사랑하고 발전시키는 쪽으로
질투를 올바르게 사용하는 것이다.

약점은 어떻게 무기가 되는가

—   —

대학생 때 롤랑 조페 감독의 영화 〈미션〉을
친구들과 단체 관람한 적이 있다.
로버트 드니로와 제러미 아이언스 주연의
칸영화제에서 황금 종려상을 수상한 작품이었다.
당시 나는 그런 사전 지식 없이 영화를 감상했다.

관람 후에 다 같이 커피를 마시고 있는데,
한 친구가 얼마나 감동했는지
눈이 벌겋게 충혈돼 눈물까지 흘리면서
영화에 대한 칭찬을 늘어놓았다.
다른 친구들도 저마다 한마디씩 보탰다.
영화가 지루하지 않은 정도라고 느꼈던 나는
이야기의 중심에서 멀어지는 것 같았고
이내 움츠러들었다.

무슨 말이라도 해야 할 것 같았는데
다들 좋다고 하는 와중에, 나는 그냥 그랬다고
잘 보긴 했지만 울 정도로 감동적이진 않았다고
솔직하게 말할 자신은 없었다.

어렸을 때부터 연극이나 영화를 많이 보고
연극 동아리 활동을 해 온 친구들에 비해
내가 많이 부족하다고 느꼈던 것 같다.
어린 마음에 그게 엄청난 약점이라 생각했다.

이전에도 몇 번의 비슷한 상황이 있을 때면
나는 솔직한 의견을 말하기보다는
뒷줄에서 조용히 듣고만 있었다.
맞고 틀릴 게 없는데도 괜히 말을 꺼냈다가
웃음거리가 되고 싶지 않았다.
그리고 그날 집으로 돌아가면서 다짐했다.
다시 이런 상황이 온다면 그땐 자신 있게
내 의견을 말할 수 있어야겠다고.
그러려면 스스로 부족하다고 느끼는 것을
보완하는 것이 먼저였다.

그때부터 하루 한 편씩 영화를 보기 시작했다.
연기에 관해 아무것도 몰랐으니
영어로 따지면 알파벳부터 공부한 케이스다.
남들보다 발전 속도도 더뎠고
뭐든지 늦게 깨우침을 얻었지만,
그만큼 더 집중해서 꾸준히 하려고 노력했다.
토끼를 따라잡으려는 거북이가 되어

한 걸음씩 전진하다 보니 어느새
하루 한 편 영화 보기는 습관이 되었다.
그 습관은 지금도 여전히 유효하다.

그렇게 쌓인 내 경험을 토대로
제자가 지금 어느 지점에 와 있는지
꽤 정확히 파악할 수 있는 눈을 얻었고
이 단계에서 무엇을 해야
다음 단계로 나아갈 수 있는지
축적된 데이터를 기반으로
이야기할 수 있게 되었다.

특히 개인 수업을 할 때 배우가 촬영할 작품이
어떤 장르든, 어떤 캐릭터를 맡았든
모든 대본을 수업할 수 있다는 자신감이 있다.
설령 내가 관심 없는 장르라 하더라도
그 장르로 넘어가는 것이 수월하다.
내겐 긴 시간 축적해 온 '다양성'이라는
풍부한 자산이 있으니까.

인생이 그런 것 같다.
스스로 취약하다고 생각했던 부분을
극복하고자 한 행동이 생각지 못한

장점을 만들어 내기도 한다.

그러니 자신의 약점을 마냥 미워하거나

숨길 필요가 없다.

콤플렉스를 극복하기 위해 조금씩

굳건히 나아간 그 시간이

지금의 내가 더 나은 연기 선생이 될 수 있는

강력한 무기를 선물해 줬다고 믿는다.

연기란 그 순간까지 쌓아 가는
과정에 존재하는 것이지,
그 순간 자체에 있는 것은 아닙니다.[◎]

– 마이클 케인

불편함이 매력이 될 때

—   —

태어나서 처음 가 본 해외 여행지는 태국이었다.

그때 경험한 태국 음식은 끔찍했다.

자극적인 향신료가 내는 맛은 거북했고

웬만한 음식에 다 들어 있는 고수의 맛은

정말이지 불편함 그 자체였다.

여행은 즐겁지 않았다.

그런데 나중에 한국으로 돌아와서

곰곰이 생각해 보니 내심 아쉬운 마음이 들었다.

다른 나라의 유명 사적지를 돌아보는 것만큼이나

그 나라의 음식을 맛보는 일도 거기에 깃든

문화와 역사를 경험하는 건데

여행이 주는 또 다른 선물을

왜 맘껏 즐기지 못했을까 하는 후회가 남았다.

한참 시간이 흘러 다시 간 태국 여행에서

나는 전과 달리 한국 음식을 멀리하고

◎ 마이클 케인, 송혜숙 옮김, 《마이클 케인의 연기 수업》, 바다출판사, 2017.

오로지 태국 음식에 집중했다.
그랬더니 신기하게도
나의 보수적인 입맛에 변화가 생겼다.
한 번 빠지면 헤어 나올 수 없다던
고수의 참맛을 알게 된 것이다.
아는 정도인가? 고수의 매력에 중독되었다.

이 경험은 나의 가치관을 바꾸어 놓았다.
불편하다는 것은 이제껏 경험하지 못한,
잘 알지 못하는 것에서 오는 낯선 느낌인데
그 낯섦과 조금씩 친해지다 보면
처음의 불편함이 오히려 매력으로
다가올 수 있다는 것을 깨달았다.

지금 내가 태국 음식을 가장 좋아하는,
아니 사랑하는 것처럼,
비유하자면 연기와 친해지는 과정이
이런 불편함과 친해지는 작업이 아닐까.
처음 연기를 할 때 손을 어떻게 써야 할지
눈을 어디에 둬야 할지, 겪어 보지 않은 감정을
어떻게 표현해야 할지 몰라서 불편하다.

대본은 나의 스토리가 아닌 작가의 스토리고

배우는 자신이 표현하는 게 아니라
캐릭터가 표현해야만 하니까
초반에 자기 뜻대로 연기가 이루어지지 않아서
불편함을 느끼는 건 당연하다.
그 불편함을 편함으로, 자유로움으로,
즐거움으로 어떻게 바꿀 수 있을지
고민하는 것이 배우의 과제라면 과제다.

처음이 주는 불편함은 드라마나 영화를
보는 사람 입장에도 존재한다.
즐기기까지 다소 시간이 걸리는 작품들이 있다.
작품의 세계관이 난해할수록 시간은 더 필요하다.
가끔은 작품을 다 보고 나서도 이해가 안 가거나
어딘가 불편한 감정이 남아 있을 때도 있다.
이런 불편함이 왠지 나의 무지에서
오는 것 같다고 자책할 필요는 없다.

"재미있다" "없다"라는 이분법적 평이 아니라
나의 이해 범주를 벗어난 작품으로 이해하는 것은
되레 적극적인 관람 태도다.
시간을 두고 다시 관람해 보면 전에는
느끼지 못했던 것을 느낄 수도 있다.
마치 어느 영화의 제목처럼 (비유적인 면에서)

지금은 맞고 그때는 틀릴 수도 있고
그때는 맞고 지금은 틀릴 수도 있는 것이다.

하나의 작품을 고정된 이야기가 아니라
내 경험에 따라 능동적인 이야기로
받아들일 수 있을 때, 그때 우리는
작품에 빠지게 된다.

불안이라는 동행자

———   ———

여느 직업군과 달리 배우는
무명 시절과 유명 시절이 나뉜다.
무명의 시기가 길어지면 경제적인 어려움과
더불어 지독한 불안감이 엄습해 온다.
등 떠밀려 배우를 선택한 사람은 없을 것이다.
하고자 마음먹은 것은 자기 자신이고
선택의 책임 역시 오롯이 자기 몫이기에
힘든 상황을 다른 일을 하는 지인에게
털어놔 봐야 돌아오는 말은 비슷하다.
"그래도 너는 하고 싶은 거 하잖아."

같은 꿈을 꾸고 있는 친구들에게 이야기하면
상황이 좀 더 나을까.
동병상련이라고, 잠시 위로는 되겠지만
어느새 그저 하염없는 넋두리의 시간 혹은
'불행 배틀'로 흘러갈 뿐이다.
사실 답은 간단하다. 그냥 포기하면 된다.
그게 안 돼서 문제지만.

배우로서 유명해지면
경제적인 어려움은 줄어들겠지만
불안함은 부담감이라는 이름으로 바뀌어
어깨를 짓누르기 시작한다.
사람들은 대부분 흥행에 성공한 작품은
"재미있다"는 한마디로 뭉뚱그려 표현하지만
작품이 잘 안됐을 땐 구체적인 실패 원인을 찾는다.
작가의 필력, 연출의 한계, 배우의 연기력….
특히 주연 배우는 작품의 실패가
자기 탓 같아서 죄책감을 느끼기도 한다.

작품이 잘되면 이 부담감은 눈 녹듯 사라질까?
높아진 대중의 기대를 만족시키지 못할까 봐,
성공한 이전 작품보다 '더' 성공한 작품을
보여 줘야 한다는 강박에,
다음 작품에 대한 부담감은 훨씬 더 커진다.
불면에 시달리는 날도 늘어 간다.

불안은 안전핀이 뽑힌 수류탄과 같아서
쓰임에 따라 성공할 수도 있고
자멸의 길로 빠질 수도 있다.
적당한 불안함은 뇌를 각성시켜
끊임없이 우리를 움직이게 만들고

얼마든지 좋은 아이디어나
창작의 실마리를 제공해 준다.
연기 발전의 동력이 되는 셈이다.
하지만 불안이 자기 자신을 잠식하여
삶이 매몰되는 경우 큰 문제가 생긴다.

과거에 인기를 얻으며 배우로서 점차
영역을 넓혀 나가던 제자가 있었다.
어느 날 마약 사건으로 논란이 생겼고
자숙 기간 이후에도 다른 문제가 불거지며
재기 불가능한 지경에 이르렀다.
물론 불안감이 원인이었는지 단정할 수 없고
원인이었다고 해도 그 선택을 옹호할 마음은 없다.

다만, 평소 불안으로 힘들어 하는 제자들을
많이 봤기 때문에 한때 제자였던 그 친구가
혹여나 힘든 시간을 보내고 있었던 건 아닌지
누구에게도 털어놓지 못했던 건 아닌지….
그저 안타까운 마음이 들었다.
시간이 꽤 지난 뒤 그의 사망 소식을
접했을 때의 충격은 말로 표현할 수가 없다.

한없이 사랑받다가도 한순간 외면당할 수 있는

직업적 특성상 불안은 늘 배우와 동행한다.
주변에서 벌어지는 상황도 한몫한다.
일부 기자들은 배우의 실수를 호시탐탐 노리고
대중은 사실관계가 정확히 나오기도 전에
우선 비난부터 퍼붓고 보는 경우가 많다.
연기로 평가받는 건 당연하지만,
공격성 비난을 감수해야 할 이유는 없다.

식사도, 여행도, 여가도, 남들의 눈을 피해서
해야 할 일상적인 일들이 너무도 많다.
세상 사람들이 나를 알지만 더 고립되는 느낌,
소소한 일상의 의미를 잃어버린 삶은
불안감이 덩치를 키워 나가기 쉬운 환경을 만든다.

혹시 너무 불안해서 삶이 힘들 정도라면
내 정신이 강하지 못하다고 자책하지 말고
정신건강이나 심리 치료를 받아 보면 좋겠다.
몸을 만들러 헬스장에 가듯이
몸이 아프면 병원에 가듯이
이는 지극히 자연스러운 일이다.

그리고 이제라도, 이미 많이 늦은 감이 있지만
소속사는 배우의 내면에 신경을 써야 한다.

배우들도 불안을 해소할 수 있는
각자만의 건강한 방식을 꼭 찾길 바란다.
불안감을 완전히 없앨 순 없어도
잘 다룬 불안을 원동력 삼아서
앞으로 조금씩 나아갈 수 있길 바란다.

막힐 땐 걷기

—   —

나는 보통 아침에 일어나자마자
커피를 한 잔 마시고 반려견 제뉴와
산책하며 하루를 시작한다.
걸으면서 복잡한 생각을 잊기도 하고,
연기에 관한 고민에 스스로 답을 얻기도 해서
제뉴만큼이나 내게도 산책이 꼭 필요하다.

그런데 얼마간 산책 정체기를 겪었다.
제뉴를 산책시켜야 한다는 의무감 때문에
산책하는 것 같은 기분이 들었던 것이다.
걸으면서 잠재웠던 불안들이
걸어도 사라지지 않고
오히려 꼬리에 꼬리에 물고 생겨났다.

며칠을 무거운 마음으로 산책하던 어느 날
우연히 제뉴를 관찰하게 되었다.
새로울 것 없는 익숙한 길을
매일 산책하면서도 제뉴는 한 번도
자기 루틴을 지루해하지 않았다.

열심히 냄새를 맡고
정해진 구역에 영역 표시를 하고
내일 또 나올 텐데 마치 내일은 없다는 듯
주어진 산책 시간을 충실히 즐겼다.

'이런 게 산책이지!'
나는 그 순간 깨달았다.
산책은 답을 내려고 걷는 게 아니었다.
걸으면서 떠오르는 생각들에 몸을 맡기고
지나치는 풍경 속에서 생각지 못한
위안을 얻으며 나름의 길을 찾아가는
과정이라는 생각이 들었다.
매번 같은 길도 내 마음에 따라, 컨디션에 따라
달라질 수 있는 것이기도 했다.

니체의 명언 중에 이런 말이 있다.
"진정 위대한 모든 생각은 걷기로부터 나온다."
생각은 움직임을 통해 발현되거나 확장된다.
나도 속이 시끄러울 때는 무조건 걷는다.
그러면 기분이 나아지기도 하고
예상치 못한 좋은 생각이 떠오르기도 한다.
더불어 해결되지 않을 것 같던 복잡한 머릿속이
조금은 가벼워지기도 한다.

그래서 제자들에게도 걷기를 권한다.

대본 선택에 고민이 될 때

대본이 주는 메시지를 곱씹어 볼 때

마음이 답답할 때, 갇혀 있지 말고

한번 움직여 보라고 말이다.

신선한 생각이 떠오를지도 모른다.

하지만 때로는 좋아하는 것에도 권태기가 오고

불안감이 해결되지 않는 날도 있을 것이다.

이럴 수도, 저럴 수도 있는 게 산책 아니겠는가.

무조건 답을 찾으려 하기보다

그냥 걷는 그 '순간'을 즐기다가

발견하게 되는 것들을 누려 보자.

비록 하루하루가 지루한 일상이라도

바라보는 각도에 따라 의미는 달라질 수 있다.

그저 의무감이나 책임에 따른 산책이 될지

행복한 산책이 될지는 내가 선택할 수 있다.

문득 얼마 전에 본 빔 벤더스 감독의 영화

〈퍼펙트 데이즈〉가 떠오른다.

매일 똑같이 반복되는 삶이지만

그 하루하루를 정말 소중하게 보내는

주인공의 모습이 인상 깊었다.

나 또한 매 순간의 소중함을, 유의미함을
아는 사람이 되고 싶다.

세계 속의 세계

—   —

대학교 1학년 첫 수업은 충격이었다.
고등학교 때까지 알고 있던 수업의 개념을
완전히 뒤바꾼, 말로 설명하기 힘든 경험이었다.
자신감에 찬 교수님의 목소리는
마치 한 명 한 명의 마음을
속속들이 읽고 있는 듯했고
날카로운 통찰력 앞에 모든 학생은
자신을 덧씌우고 있던 막 하나를 걷어 낸 듯
더 솔직하게, 진실하게 연기에 임했다.

수업을 받는 친구들의 연기가 내 눈앞에서
시시각각 달라지며 발전하는 모습을 볼 땐
정말 말로 표현하기 힘든 전율이 일었다.
연기라는 매직에 매료되었던 것이다.
연기는 할 때마다 새로운 것을 배우고
어느 정도 앎이라는 게 쌓여 간다고 생각할 때쯤
다시 원점에 놓인다. 그간 알고 있던 연기가
아는 것이 아닌 게 되어 버리는 것이다.

아는 것이 깨지고 새로운 앎이 생기고

또 그 앎이 깨지고 새로운 앎이 생기고….

그런 순간들이 무한 반복되다니

이런 신선한 분야가 어디 있단 말인가?

아마 연기에 흥미를 잃는 일은

평생 없을 것이라고 생각했다.

하지만 연기라는 것이 열심히 한다고 해서

금방 태가 나는 분야가 아니다 보니

매일 좌절의 연속이었다.

하루아침에 연기가 확 좋아지기란 기적에 가깝다.

연기 수업은 수없이 반복되었지만

내 연기는 늘 형편없게 느껴졌다.

고민이 많아지던 즈음에 문득 이런 생각이 들었다.

'연기 수업을 받는다고 꼭 배우가 되어야 하나?'

나는 내가 연기 수업 자체에 큰 즐거움을

느낀다는 사실에 주목했다.

배우라는 끈을 놓지는 않았지만,

마음 한편으로는 연기 선생을 꿈꾼 것이다.

나는 수업 내내 남몰래

교수님의 연기 지도를 관찰했다.

외형은 같지만 내게만 목적이 다른

연기 수업을 듣기 시작한 것이다.

연기를 다른 시각으로
바라볼 수 있었던 덕분인지
내 연기를 객관적으로 볼 수 있게 되었고
타인의 지적을 조금은 더 여유롭게
수용할 수 있는 힘도 생겼다.
'한발 물러서기'의 중요성을 그때 체감했다.

그뿐인가. 대사 분석 방식,
연기할 때 집중해야 하는 것들,
혹은 얽매일 필요가 없는 것들….
관점을 달리해 바라보니 여태껏 내가
놓치고 지나갔던 많은 것을 발견할 수 있었다.

사실 대다수의 연기 선생은
배우와 연기 가르치는 일을 병행하며
궁극적으로는 배우가 되려는 열망이 강하다.
배우가 주된 직업이고 연기 선생 일은
부수적인 아르바이트 개념인 경우가 많다.
하지만 나의 경우는 조금 달랐다.
정말 운명이라는 게 존재하는지
군대를 다녀오고 나서 30대 초반부터는

배우 일보다 연기 선생 일이
더 잘 풀리기 시작했다.

가르치는 일은 내 적성에 맞았다.
연기를 어떻게 해야 할지 몰라서
방황하는 제자에게 미약하게나마
길라잡이가 될 수 있다는 점이,
연기를 배우며 서서히 달라지는 제자들을
지켜보는 일이 무엇보다 보람 있었다.

연기할 기회가 좀처럼 주어지지 않으면
요즘은 배우 지망생들이 직접 단편영화를 찍거나
극작을 시도해 보기도 한다.
누가 알겠는가?
숨겨져 있던 또 다른 재능을 발견하게 될지.
연기라는 세계 속에서 배우가 아닌
연기 선생으로서의 세계를 발견한 나처럼
어떤 형태로든지 원하는 것을 쫓다 보면
어떻게든 길은 열린다.

당장 완성이 보이지 않지만
그저 자신의 신념을 향해
끝이 보이지 않는 돌을 쌓아 가는 것.
어쩌면 위대한 것은
그렇게 탄생하는 것인지도 모릅니다.

– 신구, tvN 〈꽃보다 할배〉

3부

배움의 시간

가르치면서 배우다

—   —

누구나 처음은 서툴기 마련이다.
막 연기 선생으로서 첫발을 내디뎠던
그때의 나도 마찬가지였다.
겨우 서른 남짓한 나이,
대학 졸업 후 연극 경험치를 쌓는 시기였지
쌓인 지식을 활용해 누구를 가르칠 만한
그릇은 아직 완성되지 않았었다.

그때 다짐했던 것이 '척하지 말자'였다.
뭐든지 다 안다고 자만하지 않고
부족한 내 상태를 인정하고
그저 내 역할에 최선을 다하고자 했다.
어설펐지만 열정만큼은 넘치던 그 시절
나의 첫 제자는 원빈이었다.
태어나 처음으로 연기 수업을 받는 원빈도
서툴긴 매한가지였다.

드라마 대본을 가지고 수업했는데,
연기 모니터링을 하다가

미처 신경 쓰지 못한 부분이 발견되면
다음 수업 때 해당 부분을 보완하는 식으로
방송 메커니즘을 배워 나갔다.
내가 가르친 부분이 TV에 방영되는 걸
지켜볼 때면 남들은 모르는 그 순간을
혼자 기뻐하는 맛이 있었다.

회를 거듭하며 연기를 가르치는 기술들도
덩달아 좋아지기 시작했고,
원빈 역시 첫 작품 〈광끼〉 이후
〈꼭지〉라는 드라마를 거치며
훨씬 더 발전된 배우로 거듭났다.

한류의 원조로 불리는 작품 〈가을동화〉로
수업할 때는 정말 애를 많이 먹었다.
대본이 하루 전, 심지어는 몇 시간 전에
나올 때도 있어서 대본을 가지고 연습하는 시간보다
대본을 기다리는 시간이 더 길었다.
촬영 시간이 수업의 코앞일 때도 있었는데,
짧은 수업 시간 안에 어떻게든 좋은 연기를
만들어 내야 했기에 정신적, 육체적 소모가 컸다.

수업이 끝나면 한숨 돌릴 수 있는 나와 달리

원빈은 그때부터 촬영 현장으로 가서
감독과 또 한 번 연기를 조율하고
촬영에 임해야 했기에 더 힘들었을 것이다.
그래도 그는 힘든 내색 없이 묵묵히
자신이 맡은 배역을 훌륭하게 소화해 냈다.
고된 시간이었지만, 그 작품을 통해 원빈은
배우로서 입지를 굳혔다.

시간이 흐르면서 나에게도
연기의 의미가 달라지기 시작했다.
배우를 꿈꾸던 시절에는 연기가 늘 어렵고
힘에 부친다는 느낌이 들었다.
연기가 목적이 아닌 성공의 수단으로 작용했다.

그런데 연기를 가르치면서부터는
'잘해서 성공하고 싶은 것'에서
'더 잘 가르칠 수 있는 영감을 얻는 통로'로
연기의 의미가 바뀌어 갔다.
그러다 보니 연기가 어렵기만 한,
친해지기 어려운 장르만은 아니라는 생각이 들었다.

오히려 내 연기도 연기만 할 때보다
더 좋아지는 것을 느꼈다.

욕심을 버릴 때와 부릴 때를 분간하기 시작했고
그러면서 얻는 것들이 많아졌다.
연기를 가르치며 역으로
내가 배운 것이 참 많다.

삶을 읽어 내는 일

—   —

명문대를 다니며 연기를 배우는 제자가
하루는 내게 늘 대본 이해 문제를 지적받는다고
답답해하며 눈물을 보였다.
자신은 분명히 제대로 대본을 분석했고
연습도 독하게 한다고 했는데
계속 지적을 받으니 속이 상한 듯했다.

내가 보기에 그 친구는
대본을 이해하는 과정이 허술했다.
워낙 똑똑한 친구라 무언가를 읽고 받아들이는
흡수력이 좋았으나 그게 오히려
연기에는 독으로 작용한 면이 있었다.

대본은 읽고 난 후에
김치처럼 '숙성'되는 과정이 꼭 필요한데,
그 친구에겐 이런 과정이 없었다.
대본이 자신에게 스며들기 전에 후루룩 읽고
스토리를 빠르게 이해한 후 바로 연습하거나
대본을 이해하는 동시에 소리 내면서 외운 것이다.

너무도 조급했고
결과에 집착한 연습이었다.

연기는 결국 마음과 마음의 교류다.
상대 배우와 나, 감독과 나, 관객과 나….
그중에서도 가장 처음이 대본과 나 사이에서
일어나는 마음의 교류가 아닐까.
대본을 처음 보는 단계에서는 공들여 봐야 한다.
문장 하나하나의 표현, 그 속에 담긴
감정과 의도를 오래도록 관찰해야 한다는 의미다.
그리고 자신의 마음에 각각의 문장을 떨어뜨려
어떤 변화가 감지되는지 지켜봐야 한다.

연기란 그저 감정을 잘 느끼고
표현하면 되는 것이라고
단순하게 생각하기 쉽지만,
습득하는 감각이 다를 뿐 연기도 일종의 공부다.
지금까지와는 다른 감각을
시간을 들여 '배워야' 하는 것이다.

대본 분석은 인물의 스토리를
마음으로 이해하는 과정이자
작가의 의도를 파악하는 '정적인 작업'이다.

이 작업이 끝나고 해야 하는 것이
느끼고 표현하고 말하는 '동적인 작업'이다.
이 두 작업을 분리해서 훈련해야만
효율적인 연습을 할 수 있다.

내가 가르치는 제자들의 출신이나
전공을 살펴보면 정말이지 다양하다.
연기 전공자들도 상당하지만,
음악 전공, 미술 전공, 운동선수 출신,
아이돌 출신, 심지어는 매니저 출신도 있다.
천차만별인 나이 또한 다양성에 한몫한다.
나는 이런 다양성이 참 좋다.
내가 접하지 않은, 혹은 관심 없던 분야의
사람들을 읽어 내는 과정이 참 재미있다.

대본을 접하는 일도 이와 비슷하다.
때로는 대본에서 나를 만나기도 하고
주변인들을 만나기도 한다.
대본을 읽는다는 것은 곧
그 인물의 삶을 읽어 내는 것과 같다.
그러니 이제 좀 더 차분하고 겸허하게
한 사람의 인생을 읽어 나가 보는 게 어떨까?

삶의 완전한 의미를
이해하는 것은 배우의 의무,
해석하는 것은 배우의 문제,
표현하는 것은 배우의 노력이다.

– 제임스 딘

활자 이면의 감정까지

—   —

외국 영화에서는 알코올 중독자들이
금주의 의지를 다지고자 치료 센터에 모여
각자의 경험담을 털어놓고
서로 위로하는 장면이 나온다.
제자들과 동그랗게 둘러앉아 있으니
꼭 그 장면이 겹쳐 보였다.

그들의 주제가 금주라면
우리의 주제는 '대사'였다.
저마다 대사 외울 때의 힘든 점을 털어놓고
대사 잘 외우는 자기만의 방법을
공유하고자 마련한 자리였다.
모두가 고민이 커 보였다.

초보 배우들이 외우는 대사는
말 그대로 '글자' 그 자체에 머물러 있다.
그래서 표현력도 감정도 빈약할 수밖에 없다.
초보 딱지를 뗀 배우들의 대사 숙지 과정을
들여다보면 단순히 대사 '만'을 외우지 않는다.

대사를 외울 때 활자를 제외한 것들의
부피가 늘어남에 따라 연기력도 상승할 수 있다.
활자 이면의 감정까지 생각하고 담아내
대사의 부피를 키워 나가는 것이다.

"아버지! 죄송한데… 용돈을 조금 올려 주세요."
이 문장에서 '아버지'라는 단어를
아버지를 부르는 호칭으로만 쓰면
평범한 연기가 진행될 것이다.
대사의 부피를 키울 줄 아는 사람은 뒤에 나오는
'죄송한데'의 의도까지 담아서 아버지를 부른다.
그러면 더 자연스럽고 풍부한 연기가 된다.

여기서 부피를 더 키우는 사람은
'죄송한 마음에 어색한 웃음'까지 추가해서
대사를 숙지하기도 한다.
전체적인 대본의 의도를 해치지 않으면서
대사의 부피를 추가하는 것은 결국
다른 사람과는 차별화된 개성 있는 연기를
할 수 있는 확률을 높이는 것이다.

제자의 말을 빌려 표현하자면,
"대본에 나와 있는 장면을 충격적으로

받아들이는 데 많은 시간을 할애"해야 한다.
온 마음을 다해 사랑한 연인하고 헤어진 날,
그 계절의 공기, 향기, 온도, 들었던 노래는
나도 모르는 새 내게 각인된다.
시간이 흘러 다시 그 계절이 오면,
어디선가 그 노래가 흘러나오기만 해도,
떠오르는 사람이 생겨 버린 것이다.

인생에서 가장 충격적인 사건은
시간이 오래 흘러도 아주 생생하게 기억나듯
글자로는 다 담기지 않는
그 이면의 감정과 분위기를 느끼려 할수록
대사를 내뱉게 될 인물의 입장을 이해하게 된다.
그러고 나면, 무작정 외울 때보다
훨씬 더 수월하게 대사를 흡수할 수 있다.

하나의 인생을 사는 두 사람

—   —

과거보다 매체가 다양해지면서
집에서 OTT 서비스로 작품을 관람하는
수요가 점점 더 증가하고 있다.
더불어 다른 나라의 영화나 드라마가
국내에서 리메이크되거나 그 반대의 경우도 늘었다.
연기를 배우는 입장에서는 반가운 변화다.
한 인물을 표현해 내는 두 배우를 보며
연기를 비교, 분석할 기회가 많아지니
아주 좋은 훈련 재료가 생긴 거나 마찬가지다.

영국 드라마 〈닥터 포스터〉를 리메이크한
국내 드라마 〈부부의 세계〉나
이탈리아에서 개봉한 영화 〈퍼펙트 스트레인저〉를
리메이크한 국내 영화 〈완벽한 타인〉처럼
원작과 리메이크된 작품들의 리스트를 만들어
해석의 차이를 비교해 보면
아주 흥미로운 작업이 될 것이다.

나는 보통 원작의 '감독 의도'를 먼저 파악한다.

감독이 어떤 세계관을 가지고 있고,
배우들의 연기를 통해 이를 어떤 식으로
구체화했는지 본다. 더 정확히 말하면,
이 과정은 작품을 '본다'기보다
문학 작품을 '읽듯' 작품을 읽어 내는 것으로,
정리되면 메모로 기록해 둔다.

그다음 '배우'를 비교한다.
누가 더 연기를 잘했는지 평가하는 것이 아니라
다름을 존중하며 바라보는 과정이다.
같은 상황에서 두 배우의 해석이 어떻게 다른지
같은 장면을 어떻게 다르게 연기했는지를 본다.
외국 작품을 리메이크한 국내 작품을 보면
나라 간의 문화 차이를 발견하기도 한다.
그리고 나면 개인적으로 어느 해석이
더 흥미로운지 나름대로 생각해 본다.

예를 들면, 이런 식이다.
원작 〈퍼펙트 스트레인저〉와 리메이크된
국내 영화 〈완벽한 타인〉을 비교하면,
작품의 의도나 세계관에는 별 차이가 없어 보인다.
다른 점은 국내에선 영화 프롤로그 부분에
남자 주인공들의 어린 시절이 삽입되었다.

이 장치가 개인적으로는 사족처럼 느껴졌다.
또한 애써 해피엔딩으로 끝내기보다는
오히려 해석에 여지를 둔
열린 결말이 더 좋았겠다고 생각했다.

다음으로 배우를 비교해 보면
영화 속 유해진, 염정아 배우는
뭔가 석연치 않은 비밀을 지닌
한국 가부장 문화의 대표 커플로 등장하는데,
비밀의 이유가 결말에 드러나며
이 부부의 미묘한 상하 관계가 설명된다.
원작 배우들보다 국내 배우들의 연기가
훨씬 더 큰 파장으로 다가오는 걸 보면
상황에 대한 묘사가 더 잘 이루어진 것 같다.
두 배우의 대본 이해도가 남달랐던 게 아닐까.

초보 배우들이 원작이 있는 작품을 연기할 때
기존 배우를 따라 할까 봐 일부러
원작을 안 보는 경우가 있는데,
나는 볼 필요가 있다고 생각한다.
자신이 한 해석과 원작 배우의 해석을
비교해 보면 아이디어를 얻을 부분과
내 해석을 고집할 부분을 결정지을 수 있다.

거기서 더 연습량이 쌓이면 자신만의 개성 있는
연기 포인트를 만들 수 있다.

같은 내용을 다른 시선으로 감상하는 건
관객들에게도 새로운 경험이 될 수 있다.
외국 원작 영화를 보며 그 나라를
여행하는 기분을 만끽해 보길 추천한다.
꽤 괜찮은 휴식이 될 테니까.

어떤 기술도 극에 달하면
예술이 될 수 있다

얼마 전 일본 여행을 갔을 때
말레이시아에서 도쿄로 여행 온
한 건축가를 우연히 만나게 됐다.
짧은 영어로 예술 관련 대화를 나누던 중
그는 아는 지인이 배우인데,
그 배우가 자신에게 1분의 시간을 주면
눈물을 흘릴 수 있다고 말하더니
정말 1분 안에 눈물 흘리는 시범을 보였다고 했다.
건축가는 그렇게 눈물을 만드는 기술도
가르치냐고 물었고 나는 아니라고 대답했다.

당황스러운 질문이었다.
대충 자리가 정리되고 호텔로 돌아오며
나는 그 질문을 곱씹어 봤다.
눈물이 나오는 과정은, 배우가 배역에 흠뻑 취해
그 배역의 스토리에 단단히 달라붙어서
자연적으로 발생한다고 배웠고
또 그렇게 가르쳐 왔기에 기술로서의 눈물을
따로 생각해 본 적이 없었다.

그런 눈물은 진심이 아니라는 생각도 들었다.

그리고 다음 날 아침, 나는 아사쿠사에 있는
센소지라는 오래된 절로 향했다.
절 앞은 현지인과 외국 관광객들로
인산인해를 이루고 있었다.
그때 누군가 환한 웃음으로 다가와 인사를 건넸다.
인력거꾼이었다. 센소지는 인력거를 타고
절 주변을 도는 체험 코스가 있었다.

몇 명의 인력거꾼을 거치면서
나는 그들의 해사한 웃음의 이유를 알게 됐다.
경쟁 인력거꾼들이 많다 보니
손님을 한 명이라도 더 태우기 위해 단련한
기술적인 웃음이었다.
호객 행위라고 생각하면서도 나는 지갑을 열었다.
그 웃음이 진심이었든 기술이었든
그들은 나를 무장해제시켰고, 목적을 달성했다.

그때 문득 이런 생각이 들었다.
기술적인 눈물이든
순간의 진심이 담긴 눈물이든
관객을 감동시켰다면 그걸로 배우는

자신의 의무를 다한 것 아닐까.

가수가 노래를 부를 때
유독 그 진심이 전해져 감동을 주기도 하지만
뛰어난 가창력이 곡에 몰입을 더해
감동을 주기도 한다.
물론 진심도 그 바탕에 있을 것이다.
둘 중 어느 감동이 더 값어치 있다고
확실하게 말할 수 있을까.
어떤 기술도 극에 달하면, 예술이 될 수 있다.

배우는 스스로 진심을 다해
만족할 만한 연기를 하는 것도 중요하지만,
얼마나 사람들을 만족시키는지도
중요한 직업이다.
그러니, 때로는 기술적인 눈물도 필요하다.
언제든 꺼내어 쓸 수 있는 다양한 눈물을
만들어 낼 줄 알아야 한다는 의미다.
예상치 못한 변수가 많은 현장에서
변화에 유연하게 대응하려면,
여러 기술을 가지고 있어야 한다.

그리고 그런 기술들도 내실이 있어야

연마가 가능하다.

기술과 진정성을 비교하지 말고

늘 진정성 있는 태도로 기술들을 익히면 된다.

언제, 어떤 방식으로 적재적소에

사용할 일이 있을지도 모르니까.

자신의 광기를 태울 불씨는
딱 하나만 주어질 것이다.
그 불씨를 절대 잃으면 안 된다.

– 로빈 윌리엄스

유머가 필요해

—　　　　　　　　　　　　　　　—

"인생은 가까이서 보면 비극이지만

멀리서 보면 희극이다."

찰리 채플린의 유명한 이 말은

연기할 때 새겨 두면 좋을 말이다.

해석하기에 따라 그 의미가 달라질 수 있겠지만,

환히 웃고 있는 사람들도 알고 보면

저마다의 슬픈 사연이 있는 것처럼

현실과의 괴리가 클수록 더 슬픈 것처럼

비극의 형태가 꼭 무겁고 진지한 분위기만을

뜻하는 게 아니라고, 나는 생각한다.

이상하게 들릴 수도 있겠지만,

유머는 희극 연기에만 필요한 것이 아니다.

웃음기 어린 눈물이 왜 더 슬프겠는가.

비극을 연기한다고 목소리를 낮게 깔고

어두운 분위기만 조성하게 되면

자칫 따분하고 지루해질 수 있다.

비극적인 감정을 억지로 쥐어짜면서
관객들에게 슬픔을 강요하면
오히려 반발심이 생겨서
몰입도를 떨어뜨리기도 한다.
유머로 비극 특유의 압박이나 강박을 줄여 주면
감정을 천천히 흡수할 시간이 생긴다.
유머 감각은 비극을 몇 걸음 떨어져서
보게 하는 신비한 힘을 가지고 있다.

희극과 비극은 양극단처럼 느껴지지만
잘 생각해 보면, 무 자르듯 자를 수 없는 것이
감정이라는 사실을 우리는 이미 알고 있다.
당사자에겐 웃긴 상황이 보는 이에겐
비극일 수도 있고, 당사자에겐 슬픈 상황이
보는 이에겐 웃길 수도 있다.
어디에 더 가까운가의 차이,
표현의 미묘한 차이만으로도
연기는 달라질 수 있는 것이다.

권태로운 관계에서 유머 감각은
일종의 윤활유 역할을 하듯이
배우 생활에서도 유머는 특히나 중요한 감각이다.
유머는 여유롭지 않으면 나오지 않는다.

이 감각을 개발하고 유지하는 데
많은 시간을 할애해야 한다.

유머 감각의 장점은 너무도 많다.
조금 더 과장해서 말하자면,
안 쓰이는 곳이 없을 정도다.
배우로서 자신의 차례를 기다릴 때
지루하지 않게 견디는 힘을 주고,
조급하거나 불안한 마음을
언제나 긍정적인 상태로 되돌릴 힘을 준다.

스스로 유머 감각이 부족하다고
미리 걱정하긴 이르다.
감각은 마치 근육과도 같아서
계속 사용하다 보면 감각의 크기도 커지고
힘도 좋아질 수 있다.

과한 친절은 독이다

일일드라마의 주요 시청자는
대부분 중장년층 주부들일 것이다.
방영 시간대가 저녁이다 보니,
바쁜 집안일을 하면서 최소한의 집중력으로
드라마를 보는 사람들이 많다.
그래서 드라마 서사가 복잡하거나
무겁게 전개되는 경우는 드물다.

첫 회부터 보지 않아도,
드라마 중간에 딴 일을 하다가 다시 봐도
스토리를 따라가는 데 큰 어려움이 없다.
선악이 정확히 구분되는 캐릭터들은
드라마 시청 진입 장벽을 낮춰 주는 역할을 한다.
다시 말해, 모든 것이 아주 친절한 편이다.
이렇게 쉽고 재미있는 드라마를
굳이 거부할 이유는 없을 것이다.

친절하다는 것은 분명 좋은 점이 많다.
하지만, 과하면 독이 될 때가 있다.

특히 배우가 연기할 때는
친절함을 경계할 필요가 있다.
친절한 연기는 예상할 수 있는
클리셰의 나열로 이어져 작품을 보는 내내
자칫 '뻔하다'는 인상을 줄 수 있다.
지루함에서 벗어나지 못하게 만드는 것이다.

간혹 신인 배우들이 유명 영화에 나오는 배우의
친절한 연기를 닮아 가려고 애쓰는 경우가 있다.
인기 많은 영화에 출연한 배우의 연기가
꼭 정답이라고 생각할 필요는 없다.
기성 배우보다 더 신선함을 줄 수 있는 게
신인의 특권인데도 불구하고
자신이 학습한 친절한 연기를
친절하게 보여 주는 것에서 그치는 배우가 많다.
"나 여기서 슬퍼해요" "나 여기서 코미디해요"
마치 이렇게 말하는 듯 보인다.

사람들은 자신이 상상한 무언가가
예상 적중했을 때 보통 안도감을 느낀다.
하지만, 예상을 빗나갔을 땐 신선한 충격을 받는다.
그리고 이 충격이 훨씬 더 오래가는 법이다.
신인 배우들이 친절한 연기만 답습한다면

어느 순간 그들은 아무런 개성 없는
시시한 배우가 될 것이다.

친절한 연기가 무조건 나쁘다는 뜻은 아니다.
거기서 배워야 할 것들을 충분히 배우되
그것이 전부라고 착각하지 않아야 한다.
그렇지 않으면 새롭고 맛깔나는 연기를
배울 수 있는 내면의 공간이
문이 열리기도 전에 영영 닫혀 버릴지도 모른다.

다양성과 유니크함은 국내는 물론
향후 세계 무대로 나아갈 한국 배우들에게도
커다란 숙제가 될 것이다.
때론 불친절하게, 정지된 표현으로, 심플하게,
메타포를 툭 던지며 연기하는 게
훨씬 매력 있을 수 있다.

종종 어떤 배우는 상대 배우에게
민폐 끼치지 않으려고, 촬영 현장에서
튀는 인물로 낙인찍히기 싫어서
자신의 연기관을 접어 버리기도 한다.
이런 태도는 결국 평범한 연기를 하게 만든다.

배역을 탄탄하고 설득력 있는 캐릭터로
만들기 위해서는 친절함을 내려놓고
어느 정도 이기적일 필요가 있다.
자기 연기를 돋보이게 하려고
상대의 집중력을 흐트러뜨린다든지
원하는 방향을 상대 배우에게 강요하는 게 아니라
오직 자신과 배역에 집중해
다른 생각을 할 겨를이 없어야 한다는 의미다.

의도를 마음껏 들켜도 되는 일

—   —

인간관계에서 적당히 보여 주고
적당히 숨길 줄 아는 사람들은
주변으로부터 대부분 좋은 평판을 듣는다.
중용은 삶을 살아가는 지혜다.
그러나 배우는 중용과 살짝 거리를 두어야 한다.
배우는 연기할 때 배역의 의도, 즉 작가가
전하고자 하는 바를 마음껏 '들켜 줘야' 한다.
그래야 관객들의 마음을 움직일 수 있다.
의도를 마음껏 들켜도 되다니….
심히 재미있는 작업처럼 보인다.

배우는 현실에서든, 연기할 때든
의도를 드러내는 방법을 영리하게 익혀야 한다.
인간관계에서도 매 순간 나와 타인 사이의
분위기를 읽어 내는 힘을 길러야 하며
작품을 볼 때도 더 날카로운 눈으로 봐야 한다.

**목소리의 높고 낮음이나 소리의 질감에 의해
그 인물의 의도가 파악되기도 하고**

자세나 움직임으로 의도가 드러나기도 한다.
때로는 열 마디 대사보다 순간의 표정 연기가
의도를 더 잘 드러낼 때도 있다.
평소에 잘 알아챌 수 있도록 연습이 필요하다.

나도 여러 시행착오를 겪었다.
그러던 어느 날 우연히 헬스장에서 힌트를 얻었다.
평소 러닝머신에 부착된 모니터로 드라마를 보는데
그날따라 이어폰을 안 가지고 와서 소리 없이
화면만 보면서 걷고 있었다.
그랬더니 소리를 들으면서 봤을 때
보지 못했던 것들이 하나둘 보이기 시작했다.
표정이나 움직임 등 연기의 다른 측면들이
눈에 들어오기 시작한 것이다.

그 길로 나는 당장 집으로 가서
아무 국내 영화를 틀고 보기 시작했다.
물론 음 소거를 하고 말이다.
배역의 의도를 드러내는 데
여러 측면을 관찰하는 게 얼마나 중요한지
새삼 깨닫게 되었다.

그다음엔 눈을 감고 오로지 귀로만

연기를 관찰했다. 목소리로 연기를 듣다 보니
머릿속으로는 배우의 표정이나 몸짓을
상상하게 되는 효과가 있었다.
나중에 그 장면을 돌려 보았더니
내가 상상했던 것보다 움직임이 제한적이거나
표정이 굳어 있는 것을 발견하기도 했고,
목소리 연기보다 표정이나 움직임 연기가
훨씬 훌륭할 때도 있었다.

이 방법을 토대로, 우선 작품을 볼 때
장면을 정주행해서 충분히 이해한 다음에,
다시 한번 장면을 돌려 보며 배우가 의도를
어떻게 드러내는지 꼼꼼히 관찰한다.
두 번째로 볼 때는 꼭 '음 소거'를 하고 다시 본다.
소리가 없으면 배우의 몸짓이나 표정,
눈빛 연기를 볼 수밖에 없게 되면서
대사가 아닌 다른 측면으로
연기를 관찰할 수 있게 된다.
그다음은 장면을 보지 않고 목소리로만 듣는다.

외국 영화를 볼 때는 언어가 다르니
처음 볼 때 자막을 통해 상황이나
대사를 파악하고 기억한 뒤,

그다음은 국내 작품을 볼 때와
비슷한 방법을 적용한다.

이런 방법으로 영화나 드라마를 보니
배우들이 자신의 의도를 어떻게 드러내고
표현하는지 더 세밀하게 볼 수 있었고,
배우가 대사를 말할 때 어떤 자세와 표정을 취해야
배역의, 장면의 의도가 잘 드러날지
더 고민하며 가르칠 수 있게 되었다.

감정 전달자

—   —

감정 표현은 배우에게
가장 중요한 영역이 아닐까.
배우는 배역의 감정을 관객들에게
고스란히 전달해 주어야 한다.
감정은 손안에 놓인 깃털과 같다고
어디선가 들은 적이 있다.
느슨하게 잡고 있으면 바람에 날아가 버리고
너무 꽉 쥐면 손상된다는 것이다.
그래서 배우는 감정을 다루는 방법을
끊임없이 탐구해야 한다.

연기 수업을 받는 이유도 궁극적으로는
다양한 감정을 일으켜 보고, 유지하고,
표현하는 방법을 익히기 위해서가 아닌가.
수업을 하다 보면 사랑의 감정을
표현하는 대사들을 많이 만나게 된다.
어떤 때는 정말 신물이 날 정도로 지겹다.

나는 매일 사랑하고 이별하는 제자들을 만나서

그들의 사랑을 불태우게 만들어야 한다.
여간 어려운 일이 아니다.
하지만 사랑 없이는 문화도, 예술도
없다는 것을 안다.
블록버스터 영화에서조차 서사의 기본을 이루는
기둥 줄거리는 결국 사랑이니까.

선배 연기자들은 후배 연기자들에게
연애를 많이 해 보라고 조언한다.
시작의 떨림, 달콤함, 불안함에 취해 보고
시간이 흐르면서 생기는 갈등 과정에서
상대와 내가 어떤 사람인지 깨달을 수도 있다.
누군가는 쓰라린 이별을 경험하고,
누군가는 결혼을 해서 안정감과
책임감의 무게를 느끼기도 한다.
연애는 인생 전반에 걸쳐 다양한 생각과
감정을 경험하게 해 준다.

실패의 경험도 자산이 될 수 있으니
나도 어떤 감정이든 많이 겪어 보면
좋다고 생각하는 편이다.
다만, 경험이 많다고 해서 그 경험이
전부 다 연기에 적용되는 것은 아니다.

연애 경험이 없어도 사랑 연기를 잘할 수 있고
상실 경험 없이도 이별 연기를 잘할 수 있듯이.
그러니 경험하지 못한 감정이라고
미리 두려워하진 말자.

가족, 연인, 친구, 직업, 반려동물…
때로는 인류에 대한 사랑을 표현할 날이 온다.
배우에게 사랑만큼 강력한 표현 재료는 없다.
사랑에도 여러 모양과 색깔이 있으니
실제로 경험하든, 영화나 책을 보든,
때로는 친구의 경험담을 듣든
여러 모양과 색을 찾는 연습을 계속하자.
감정이라는 깃털이 날아가지 않게 조심해서,
가닥가닥 모아 관객에게 고이 건네줄 수 있게.

사람의 눈을 속이는 건 쉽지만
사람의 마음을 속이기는 어렵다.

– 알 파 치 노

인생 주기를 함께하는 영화

—   —

일종의 직업병인지
영화를 볼 때 맘 편히 보지 못하고
공부하듯이 분석적으로 보게 돼서
영화 자체를 즐기지 못할 때가 많다.
감상과는 멀어져 버린 내가
가끔 안쓰러울 때도 있다.
좋아하는 일이 직업이 되었을 때의
고충이라면 고충이겠다.

그래서 오히려 한 번 본 영화는
거의 다시 보지 않는 편이다.
영화를 처음 봤을 때 느꼈던 여러 감정이
점점 퇴색되는 것을 원치 않기 때문이다.
아무래도 다시 보다 보면
직업병이 도질 확률이 크니까.

하지만, 이런 나에게도
인생 주기를 함께하는 영화가 있다.
동명의 프랑스 소설을 원작으로 하는

스티븐 프리어스 감독의 1988년 작품
〈위험한 관계〉다.

글렌 클로스, 존 말코비치, 미셸 파이퍼…
연기 잘하는 배우들이 그야말로
종합 선물 세트처럼 등장하는 이 작품을
나는 유일하게 몇 년을 주기로 다시 보고 있다.
이 영화를 봤던 감동과 그 깊이는
20대, 30대, 40대에 느꼈던 것들이 사뭇 다르다.

20대에는 정확히 무엇이 좋았는지
형언할 수 없는 감정의 깊이에 탐닉했었다면
30대에는 20대 때 놓친 배우들의 연기가 보였다.
끝내 이루어지지 않은
존 말코비치와 글렌 클로스의 사랑,
존 말코비치의 끝없는 구애에 서서히
마음을 열어 가는 미셸 파이퍼의 사랑도
이해되면서 가슴이 저몄다.
배우가 그 인물 자체가 된 듯하다는 게
이런 거구나 하는 묘하고 신기한 느낌이었다.

다른 배우에게 캐릭터 설정에 도움이 될 거라고
이 영화를 추천하면서 다시 보게 된 40대 때는

등장인물들의 사랑이 서로 빗겨 나가면서
생기는 슬픔이 유독 깊게 다가왔다.
게임으로 미셸 파이퍼를 유혹한 존 말코비치가
그녀에게 사랑을 느끼고, 혼잣말을 되뇌며
부정하는 장면은 내 마음을 흔들어 놓았다.
화장을 지우며 절규하는 글렌 클로즈의
디테일한 감정 연기는 잔상처럼
상당히 오래 기억에 남았다.

한 살 한 살 나이를 먹어 가면서
조금은 성숙된 내가 바라보는 영화 역시
조금씩 그 깊이를 달리한다.
마치 영화와 함께 내 인생 주기를
그려 가는 기분이다.
이제 50이 넘어 다시 볼 영화에서는
또 전과 다른 어떤 새로운 것을
발견하게 될지 기대가 된다.

책 한 권이 누군가의 삶을 바꾸듯
누군가에겐 영화가 그렇지 않을까.
꼭 삶이라는 거창한 무엇이 아니더라도,
다른 사람에겐 의미가 없는 것이라도,
내겐 큰 의미로 다가올 수 있으니까.

남들이 말하는, 소위 예술 영화에서만
의미를 찾을 수 있는 건 아니다.
나는 사람들이 다양한 영화를 봤으면 좋겠다.
어떤 장르든, 주제든, 그 안에서
자신에게 의미 있는 무언가를 발견한다면
그게 바로 각자의 인생 영화가 되는 게 아닐까.

한 가지 말해 주고 싶은 것은,
인생 영화를 만난 것 같다면 세월의 간격을 두고
꼭 다시 보기를 해 봤으면 한다.
10대, 20대, 30대…
같은 영화를 보더라도 시간의 흐름과 함께
과거에 몰랐던 것을 알게 되거나
그때 느꼈던 감정과는 또 다른 감정을
느낄 수 있을 테니.

액팅 메이트

—   —

이제 막 연기를 시작한 배우가
연기를 배운다는 것에 의문을 품는 사람은 없겠지만
경력이 있는 배우가 연기를 배운다고 하면
의아해하는 사람들이 있다.
이 경우엔 무언가를 새롭게 배운다는 개념보다는
'객관적인 시선'을 더하는 쪽에 가깝다.

신인 때부터 나와 오랜 시간 함께한
한지민과 강동원은 어떻게 연기해야 할지
이미 충분히 알고 있음에도 불구하고
대본을 들고 나를 찾아온다.
사실 누구나 알 만한 선상에 오른 배우들은
이제껏 쌓인 경험이 있기 때문에
연기에 관해 다른 사람들의 솔직한 의견을
들을 기회가 생각보다 많지 않다.

그래서 자신이 가고 있는 방향성이 맞는지
혹은 더 좋은 아이디어나 표현법이 없을지
한 사람의 의견이라도 더 듣고 싶어 한다.

새로운 관점은 자칫 매너리즘에 빠질 수 있는
연기에 활력을 불어넣어 주기도 한다.

우리나라 피겨를 대표하는 김연아 선수도
선수 시절 코치가 있었듯이
배우 알파치노도 이미 유명해진 다음에
계속 액팅 코치가 있었듯이
그들의 능력치는 누군가의 가르침을 이미
뛰어넘은 상태지만, 1인칭이 아닌
객관적이고 전문적인 시각을 원하는 것이다.

강동원은 〈전우치〉를 마지막으로 나에게서 졸업했다.
그런 그가 다시 나를 찾아오는 이유는
그동안 혼자 힘으로 연기를 하며
잊고 있었던 것들을 다시금 일깨워 줄 수 있는
'액팅 메이트'가 필요해서다.
본인이 이미 캐릭터를 연구해 만들어 오면
좀 더 디테일한 부분에서 내가 의견을 보태곤 하지만
수업이라기보다는 대화에 가깝다.
배우 입장에서 작품에 참여하지 않는 사람이
건네는 조언은 신선할 것이다.

이 작업은 나 또한 매너리즘에 빠질 수 있는

순간에서 벗어나게 만들어 준다.

내가 미처 보지 못한 부분들을 제자인 배우가

먼저 발견하고 연기하는 모습을 지켜 보면서

긴장감을 가지고 좀 더 낮은 자세로

연기 수업에 임하게 되니 말이다.

그런 생각을 해 본다.

나와 같은 곳을 바라보면서 객관적인 시선으로

경각심을 일으켜 주는 메이트가 있다면

얼마나 운 좋은 인생인가?

어렸을 때는 부모가 그 역할을 해 주지만

혼자 힘으로 인생을 살아야 하는 나이가 되면

그런 역할을 해 줄 수 있는 사람은

오직 자기 자신뿐이다. 이럴 때 거울을 들어

서로를 보게 해 주는 메이트가 있다면

삶은 훨씬 풍요로워지지 않을까.

4부

채움의 시간

단단하지만 유연하게

오디션에 합격한 제자들 이야기를 들어 보면
대부분 다른 오디션을 볼 때만큼
긴장하지는 않았다거나,
떨어져도 괜찮다고 마음을 비운 상태로
연기에 임했다고 한다.
외부 요인에 휩쓸리지 않고
잘 마련된 자기만의 연기 공간에서
자유롭게 연기를 선보인 것이다.

쉽게 설명하자면, 어린아이들이 장난감이나 인형을
가지고 놀 때 자기만의 세계가 완벽히 구축되어
그 안에서 여러 가지 상황을 만들고,
경험하고, 즐기는 것과 마찬가지다.
어른들도 좋아하는 것에 푹 빠질 때면
아이 같은 천진난만함이 발현되고
자연스럽게 외부 세계와 분리되는 나만의 공간이
생겨나는 경험을 하듯 말이다.

배우는 장면이 정해 준 세계에 들어가

자신만의 연기 공간을 구축하는 연습을 해야 한다.
그 공간을 점차 단단하게 만들어
연기 수업이든, 오디션 무대든, 촬영 현장이든
어떠한 상황에서도 흔들리지 않고
그 공간에서 주어진 장면을 즐겨야 한다.
이것을 소위 '집중력'이라고 부른다.
자신만의 연기 공간을 만드는 것을
두려워할 필요는 없다.
우리는 이미 어린 시절 충분히 겪어 봤으니까.

다만, 주의해야 할 점은 이 공간은
단단하되 '유연'해야 한다는 것이다.
아이들이 자기만의 놀이 공간에서 하던 것들을
어른들 앞에서 재연할 때 몹시 부끄러워하거나
심지어는 울기도 하는 것처럼
분명 혼자 연습할 땐 아주 유연했던 연기가
수업 시간이나 무대, 현장에서
많은 사람들 앞에 보여 주려고만 하면
연기 공간이 흔들리는 배우들이 있다.

결국 대사를 잊어버리거나
표현이나 감정이 갈 곳을 잃기도 한다.
집중이 깨지는 것이다.

배우는 자신만의 단단한 공간을 만들되
바깥 세계와 통하는 문을 열어 두는
연습을 해야 한다.

문을 통해 들어오는 것들을
잘 받아들이면서 궁극적으로는
입으로 대사만 하는 연기에서 벗어나
신scene이라는 사각형의 프레임에 적합한
그림을 만들어 나갈 줄 알아야 한다.
그렇게 어디를 가도 집중할 수 있는
자기만의 공간, 세계를 구축해 나가야 한다.

기꺼이 솔직해지기

연기에 관련된 것이라면
늘 솔직한 자세로 접근하는 제자가 있다.
자신이 연기를 전공하지 않았기 때문에
전공자보다 부족할 수 있다는 것을 받아들이고
천천히, 또 단단하게 연기력을 발전시켜 나가는
모습이 보기 좋은 친구다.

하루는 그가 다른 학원으로 가는 것을
고민하고 있다는 것을 우연히 알게 됐다.
같이 수업받는 친구들은 연극이나
작은 독립 영화에 출연하면서
배우로서 조금씩 활동해 나가는데
자신은 2년간 어떠한 결실도 얻지 못하는
현실에 지쳤던 것 같다.

그는 수업 시간에 고민을 솔직하게 이야기했다.
경제적으로 여건만 된다면 두 학원을
동시에 다니고 싶다고 말이다.
그 친구가 얼마나 어렵게 그런 말을

꺼냈는지 알기에 일단은 듣기만 했다.

그날 수업이 끝나고 제자들과 오랜만에
고민을 나누는 시간을 가졌다.
그 친구가 염두에 두고 있다는 학원은
단역 오디션을 많이 보게 해 주는
시스템으로 운영하는 곳이었다.
어쩌면 빨리 배우가 되고 싶은 이들이
가장 원하는 학원 운영 방식일 것이다.

빠르게 데뷔했다가 빠르게 사라지는 배우가
되지 않았으면 하는 마음에 지금의 방식을
고수하는 것이라고 솔직하게 이야기하는 것 말곤
내가 달리 할 수 있는 말은 없었다.
배우가 되기로 스스로 결정한 것처럼
어떤 곳에서 배울지는 온전히 본인의 선택이므로
나는 제자들의 의사를 존중한다고만 덧붙였다.

그리고 다음 날 독백 수업,
한 배우(A)가 대사◎를 준비해 왔고
고민 많던 그 친구가 상대역(B)을 맡게 됐다.

　　A: 그런 날 있지 않아?

세상이 너무 잘 돌아가는 거야.

다른 사람들도 바삐 잘 지내는 것 같고.

근데… 나만 멈춰 있어. 이럴 때일수록

다른 사람들 속도에 맞춰 절대로 뛰면 안돼.

B: 왜?

A: 다쳐…. 왜 신호등 보면

빨간불이랑 초록불이 있잖아.

지금 내 신호는 빨간불이거든.

"잠시만 기다려 주세요"라는 의미야.

충전과 회복과 준비를 해야 하는 시간인 거지.

B: 야 그러다 남들보다 뒤처지는 거 아니야?

A: 아니, 그래도 되는 시기야.

아주 잠깐 멈춰 있는 거거든.

어차피 곧 초록불로 바뀌어.

근데 이 시기를 못 참고

다른 사람들 속도에 맞춰 뛰는 거는

빨간불일 때 무단횡단하는 거랑 똑같아.

◎　인스타그램(@wooyeon.a) 릴스 '애쓰지 않을 용기'

내 속도, 내 방향 그리고 내 신호에 따라서

가장 천천히 움직이는 게

가장 빠르게 움직이는 길이야.

우리 애쓰지 말자.

대신 내 속도대로 꾸준히 가자.

마치 신이 그 친구의 상황을 알고

그 역할을 맡도록 계시를 내린 것 같았다.

나는 어떤 생각이 드냐고 물었고

그는 대답 대신 웃어 주었다.

그 웃음의 의미를 알기에 더는 채근하지 않았다.

만약 그 친구가 솔직한 자기 생각을

용기 내어 이야기하지 않았다면 아마도

우리는 서로의 생각을 모른 채

각자 다른 방향으로 걸어 나갔을지 모른다.

나는 연기를 가르치면서

배우 본인의 생각을 자주 물어본다.

상당수는 그럴 때 하고 싶은 말을

잘 정리해서 말하지 못하고 당황스러워한다.

'맞다' '틀리다' 이 두 가지 필터가

생각의 출구를 가로막고 있어서다.

그럴수록 더, 배우는 '솔직'과 '생각'이라는

이 두 단어를 절대적으로 잘 활용해야만 한다.
평소 내 생각을 말하는 것조차 힘들어하는데
어떻게 캐릭터의 생각을 말할 수 있을까?

그다음으로, 배우는 시간을 들여
캐릭터의 생각을 내 생각으로 만드는 데
집중력을 발휘해야 한다.
**즉, 몸과 마음을 다 동원해 배역의 생각을
마치 자기 생각인 듯 연기해야 한다.
배우 본인도, 그 연기를 보는 이들도
완벽하게 착각하게끔 만들어야 한다.**

대본을 쓴 작가, 내가 맡을 캐릭터,
감독의 현장 디렉팅을 비롯해
자신을 둘러싼 상황을 읽어 내는 힘은
모두 '잘 훈련된 합리적인 내 생각'에서
나온다는 것을 꼭 기억하자.

솔직한 생각은 배우에게
대본 해석 능력과 캐릭터를 파악하는
기준점을 마련해 주기도 한다.
그리고 부족한 나를 솔직하게 인정하는 것,
질투 앞에, 거절 앞에 솔직해지는 것 역시

배우로서의 삶을 살아 나가는 데에
아주 중요한 태도다.
기꺼이 솔직해질수록
더 많은 가능성이 생겨난다.

안전한 선택 아닌 최선의 선택

현재 활동 중인 감독들이 모여서
오디션에 관한 이야기를 나누면
남자 배우들은 소리 지르고
욕하는 연기가 대부분이고
여자 배우들은 약속이나 한 것마냥
눈물 연기를 선보인다는 말이
가장 많이 나온다고 한다.

왜 이런 현상이 일어나는지 대충 짐작은 간다.
소리 지르고 욕하고 눈물 흘리는 연기가
짧은 순간 임팩트 있는 인상을 주기에
적합하다는 판단 때문일 것이다.
또 그런 연기를 할 때 배우 스스로
심장이 뜨거워지는 것을 느끼며
자기가 연기를 잘하고 있다는 생각도 들 것이다.

그런데 입장을 바꿔서 생각해 보자.
오디션을 주최하는 사람이라면
배우들의 천편일률적인 연기를 내내

보고 있는 것이 고통이지 않을까?
카리스마 있는 연기를 보여 주려다가
되레 평범한 배우로 낙인찍힐 수 있다.
무조건 소리지르는 것만이 능사가 아니다.

진짜 임팩트 있는 연기는
배우가 연기하는 동안 사람들이 눈을 떼지 못하고
자기도 모르는 새 열심히 배우의 이야기를
듣게 만드는 연기라고 생각한다.
조용히 따뜻한 미소로 편하게 말해도,
배꼽이 빠져라 웃길 때도,
얼마든지 카리스마 있는 연기를 선보일 수 있다.
말없이 사람을 쳐다보는데
보는 사람이 오싹해지는 연기가
무서워서 소리 지르게 되는 연기보다 더 셀 수 있다.

가끔 배우가 연기를 끝냈는데
한동안 아무런 말도 해 주지 못할 때가 있다.
대본의 내용과 대사의 의도가 너무 뻔해서
방향성이 한 곳으로만 진행될 때가 그렇다.
배우에게는 나름대로 선택의 이유가 있을 것이다.
무슨 내용인지 오래 고민 안 해도 알 수 있고
어떻게 연기할지 쉽게 그려질 테니까.

그래서 사람들 앞에서 연기해도
최소한 못한다는 소리를 듣지 않을 거라는
확신이 있었을 것이다.

준비해 온 것을 잘 끝내는 게 목적이었다면
안전한 선택이겠지만
**아무런 임팩트도 남기지 못했는데 과연
'최선의 선택'이라고 할 수 있을까?
개성 없고 자신감 없는 선택은
결국 배우로서의 가능성을
스스로 죽이는 꼴이 된다.**

레시피가 똑같은 음식이 있다면
맛을 좌우하는 것은 결국 재료의 신선함이다.
연기도 마찬가지다.
두 배우의 연기력이 비슷하다면
좀 더 신선한 재료로 연기한 배우에게
심사위원들은 점수를 더 줄 것이다.

오디션 자유연기를 할 때 될 수 있으면
울거나 소리 지르거나 욕하는 대사는
지양하는 쪽을 추천한다.
개성 있는 조연의 대사 혹은 2~3인극 대사에서

충분히 독백 형태로 바꿀 수 있는 대사를 선택해
자신만의 독백집을 만들어 보는 것이 좋다.
차곡차곡 쌓인 신선한 재료들이
어떤 레시피에서도 빛을 발할 수 있게.

시시한 배역은 없다.
시시한 배우가 있을 뿐이다.

– 콘스탄틴 스타니슬랍스키

소신 있는 모방의 힘

—   —

'관찰된 타인의 행동을 재연'하는 것.
이를 심리학 용어 사전에서는 '모방'이라 한다.
유아기의 아이들은 전적으로
부모의 언어와 행동, 표정을 모방한다.
이제 막 연기의 걸음마를 뗀 배우는
유아기 아이와 비슷하다는 관점에서
출발하는 것이 좋다.
나는 연기를 처음 시작하는 배우에게
모방 연습을 훈련 단계로 설정해 제시하곤 한다.

연기를 한 번도 배운 적이 없는데 연기할 때
기본적으로 말투가 자연스러운 사람들은
어렸을 때부터 영화와 드라마를
지독하게 좋아했다는 공통점이 있다.
여러 작품을 보면서 다양한 말투를
자연스럽게 습득한 것이다.

그런데 배우 대부분 모방을 부정적으로 생각한다.
오리지널을 카피하는 가짜의 뉘앙스가

강하게 느껴져서 괜히 꺼린다.

나도 어렸을 때는 그 당시 유명한 배우나

코미디언을 모방하는 배우들을 보며

코웃음을 친 적이 있다.

모방의 기회를 잃어버린 채 그야말로

안간힘을 써서 무에서 유를

창조하려 했던 것이다.

시간이 흘러 배우로 활동도 하고

연기 선생으로서 입지를 굳혀 가면서

나도 서서히 모방의 위대함에 눈뜨기 시작했다.

관찰하고 싶은 배우의 연기를 카피하는 과정에서

연기의 속성을 파악하기도 하고

배우의 기술들을 알아차리게 된다.

문제는 '어느 한 배우만'을 모방할 때 발생한다.

하나의 세상에 갇혀 버리게 되면서

성대모사 수준에 머물게 되는 것이다.

모방은 '다양한 배우'를 대상으로 해야 한다.

모방할까 봐 원본 배우의 연기를

대충 봤다는 배우들의 큰 특징 중 하나는

연기에 대한 '자기만의 철학'이 없다는 것이다.

거창한 철학을 말하는 게 아니다.

기준점, 즉 자기만의 연기 소신을 뜻한다.
대사 틀리지 않기, 오버스럽게 연기하지 않기 등
단순히 더리도 상관없다.

소신이 없는 배우는 원본 배우를 모방할 때
왠지 남의 창조적인 생각을 훔쳐 온 듯한
기분에 휩싸이면서 알 수 없는 죄책감을 느낀다.
자신의 연기도 아니고 그렇다고 원본 배우의
연기도 아닌, 묘하게 완성도가 떨어지는
애매모호한 연기를 하게 되는 것이다.

연기에 소신이 있는 배우는
자기라면 놓치고 지나갔을 법한 부분을
원본 배우가 독특하게 해석한 것을 발견하고
그 부분을 모방한다.
혹은, 어떤 특정 구간에서 모방 대신
색다른 연기를 넣어 보기도 한다.
자기만의 해석이나 표현이
원본 배우의 연기와는 다른 질감으로
감동을 줄 수 있다는 판단이 서기 때문이다.
모방하면서도 자기 색을 잃어서는 안 된다.

흔히 모방은 창조적인 작업의 반대편에 있다고

생각하기 쉽지만, 연기는 모든 측면에서
결국 모방으로부터 출발한다.
신이 아닌 다음에야 무에서 유를
창조할 수 있겠는가?
아리스토텔레스도 말하지 않았던가.
"모방은 창조의 어머니"라고.

그래서 나는 유명 배우든, 신인 배우든
모방이 필요하다고 생각한다.
대중이 연기력을 극찬하는 신인 배우가 있다면
그가 후배일지라도 그 연기를 모방해 보고
공부할 필요가 있다.
자존심이 상할 수도 있겠지만, 그게 뭐 대순가.
신인 배우라면, 선배들의 연기 질서를 익히고
모방하면서 거기다 자신만의 색을 입혀 보자.
모방의 두려움이나 느끼며 앉아 있을 시간이 없다.

이제는 모방이라는 단어에서
'리메이크'라는 단어로 나아가면 좋겠다.
단어에서 벌써, 동시대적인 공감대를 끌어내
자기만의 색을 입힌다는 의미가 내포되어 있으니까.
오리지널을 뛰어넘는 연기를 기대하는 일은
언제나 짜릿하다.

소통투성이 일

강동원과는 수많은 작품을 수업했는데
영화 〈전우치〉 대본 수업 때가 특히 인상깊었다.
전우치가 분신술을 쓰는 장면을 어떻게 하면
효과적으로 만들 수 있을까 함께 고민하던 중
강동원은 일본 만화 영화 〈나루토〉에서 영감을 얻었다.
전우치에게 수많은 캐릭터를 부여한 것이다.

어떤 전우치는 분노조절 장애 캐릭터로,
어떤 전우치는 끊임없이 웃는 캐릭터로,
어떤 전우치는 무척 진지한 캐릭터로….
그렇게 만들어진 장면은
지금 봐도 웃기면서 정교하다.
대본에는 "분신술을 쓰는 전우치"라고
짤막한 문장만 있었던 것으로 기억한다.

배우는 대본을 읽고 그 안에서 좋은 연기를
만들어 낼 수 있는 아이디어를 짜내려고
무던히도 애쓴다. 그게 다가 아니다.
그런 아이디어가 차고 넘친다 해도

감정과 신체를 통해 구현해 낼 줄 모르면
소용이 없다. 그래서 연기가 어렵다.
강동원은 창조적인 아이디어로
대본을 형상화해 내고 그걸 연기로
표현해 낼 줄 아는 배우다.
소통 능력이 뛰어나기에 가능한 일이다.

배우에게 소통 능력은 정말 중요한 자질이다.
대본과 배역은 물론, 대본을 통해
작가와도 소통한다. 그뿐인가.
상대 배우, 연출, 촬영 감독, 스태프, 관객과도
소통이 가능해야 양질의 연기를 만들어 낼 수 있다.
그야말로 소통투성이 일인 것이다.

연기를 처음 배우던 시기의
강동원을 떠올려 봐도 사람과 대본과
소통이 잘 되는 친구였다.
누군가의 의견이 자신의 생각과 다르더라도
납득이 가면 명쾌하게 수용하는 편이었고
대본을 보고 해석하는 능력도 뛰어났다.

다른 사람들은 대사 암기 문제를 해결하기 바빴다면
강동원은 본인이 분석한 대본을 어떻게

형상화하는지에 관한 연기 수업을 받았다.
시작점은 같았을지 몰라도 남다른 이해력으로
나아가는 속도가 아주 빠른 친구였다.
연기를 즐기는 것을 넘어 여유로워 보였는데
이것도 특유의 소통 능력이 한몫했던 것 같다.

요즘 그는 간간이 대본의 시놉시스를 쓴다고 한다.
드라마든 영화든 나중에 어떤 형태로
표현될지는 모르겠지만
그가 상상해 낸 스토리를 듣고 있으면
'창조적인 것에 대한 열망이 대단하구나' 하며
나도 모르게 탄복하게 된다.
대본을 보고 표현해 내는 것을 넘어
직접 글을 쓰는 제자를 보며 존경심이 든다.
배우로서 시야가 넓어질 수 있는
작업임이 틀림없다.

흰 종이 위의 글씨들을 창조적으로
형상화해 내는 작업은 고통이겠지만
잘 해냈을 때의 희열은 상상을 초월할 것이다.
오랜 시간 그를 봐 왔지만,
한순간도 정체되어 있지 않다.
그래서 그의 앞날이 더 궁금하다.

내가 그 사람이 되거나
그 사람을 나로 만들거나

—   —

천만 관객이 본 영화에 출연한 배우라고
그가 명배우일까?
세계적인 시상식에서 상을 받았다고
명배우라고 말할 수 있을까?
연기력은 지극히 주관적인 영역이라
판단 기준을 제시하기는 힘들다.
다만, 대다수가 입을 모아
명배우라고 말하는 배우라면
그만한 이유가 있을 것이다.

90년대 데뷔해서 지금까지 왕성한 활동을 하는
배우 이병헌이 대표적 인물이 아닐까.
그의 필모그래피를 되짚어 보면
한국 영화와 드라마에서 신선한 족적을 많이 남겼다.
많은 배우가 인정하고 대중이 믿고 보는 이유는
작품마다 다양한 연기 변신을 보여 주며
배역 그 자체가 되기 때문일 것이다.

〈그것만이 내 세상〉과 〈우리들의 블루스〉에서

같은 밑바닥 인생을 연기했어도
두 연기는 전혀 달랐다.
캐릭터의 생각과 가치관을 엄격히 구분해서
자칫 비슷해질 수 있는 부분도 다르게 표현했다.
가슴 아픈 장면에서도 비슷한 정서를
결코 허용하지 않는다.
두 인물은 분명히 다른 인물임을 알고
접근 방식을 달리해서 같은 정서라도
전혀 다른 결과물을 뽑아내는 것이다.

그의 남다른 언어 구사 능력도 압권이다.
제주도 출신 제자의 말에 따르면,
〈우리들의 블루스〉에서 고향이 제주도인
고두심 배우를 제외하곤 이병헌 배우가
가장 사투리를 잘 구사했다고 한다.
고두심 배우와 또 다른 제주도 출신 배우에게
검수를 받으며 사투리를 익혔다고 한다.◎

영화 〈마스터〉에서도 필리핀 영어를
위화감 없이 구사했는데,

◎ 유튜브 tvN DRAMA, 〈[#로얄리뷰 EP.2] 이병헌, 이정은이 제주 사투리 배운 비결은? 완벽 작감배의 명품 코멘터리〉, 2022년 4월 29일.

한 인터뷰◎에서 그는 감독에게
필리핀 배우들의 영어 대사 녹음을 부탁해
미리 그 특유의 악센트를 공부했다고 한다.
사극 〈광해〉에서는 왕의 말투와 천민 말투
특징을 잘 살려 섬세히 연기했다.
타고난 감각과 노력이 더해져 탄생한 연기였다.

이렇게 작품마다 카멜레온처럼
전혀 다른 인물이 되는 배우도 있지만
어떤 배우는 모든 연기를 자기자신화,
그러니까 '○○○화'하기도 한다.
무슨 배역을 맡아도 그 배역에서
실제 배우의 모습이 엿보이는 경우다.
이런 배우는 연기력이 부족한 걸까?
나는 그렇지 않다고 생각한다.

특유의 안 좋은 버릇이 있다거나,
감정 표현이 너무 단순하고 획일적이라
보는 사람들이 '지겹다'고 느낀다면 문제겠지만,
그게 아니라면 어떤 배역이든 거기서
자기 색을 입힐 수 있는 것도 능력이라고 본다.

◎   양지원, 〈[인터뷰] 이병헌 "男위주 충무로 지겨워, 다양한 영화
만들어지길"〉, 《한스경제》, 2016년 12월 21일.

내가 그 사람이 될 것이냐
그 사람을 나로 만들 것이냐
이 중 무엇이 정답이라고 말할 순 없다.
나는 배우들에게
전자든 후자든 상관없으니
어느 방향이든 일단 가 보라고 이야기한다.
그 과정에서 본인이 어떤 방향이 더 맞는지
스스로 판단할 수 있길 바라면서.

예술이란 영원한 미완성이다.
그래서 나는 완성을 향해 끊임없이 도전한다.

– 이순재, JTBC 〈제60회 백상예술대상〉

울림은 에너지에서 나온다

—   —

지금의 아르코 예술극장에서
예전에 공연을 한 적이 있었다.
600석 규모의 대극장 공연은 처음이었지만
타고난 발성을 믿었기 때문에
대사 전달 걱정을 하진 않았다.
그러나 예상과 달리 문제에 봉착하고 말았다.
팔을 뻗으면 바로 포옹할 수 있는 거리에서
상대 배우와 사랑 이야기를 나누는 장면이었다.
대사를 하고 있는데 객석에 있던 연출가가
대사가 잘 들리지 않는다고 했다.

목소리를 키워서 이야기하면 진정성이 떨어지고
진정성 있게 대사를 하려니 객석까지
전달이 안 되고…. 난감 그 자체였다.
며칠째 이런저런 방법을 시도하던 중
목소리의 크기가 아닌 마음의 에너지를
120퍼센트 동원해서 대사를 해 보았다.
객석에서 드디어 오케이 사인이 떨어졌다.
참 신기한 경험이었다.

마음의 에너지는 글로 설명하기 참 난감하다.
굳이 풀어보자면 내 생각을 상대 배우에게
혹은 관객에게 전달하려는 욕구를
최대치로 끌어 올리는 것이라 할 수 있겠다.
어쩌면 이 속담이 가장 어울리지 않을까.
"지성이면 감천이다."

연기 수업을 오래 하다 보니
처음 배우의 연기를 보고 에너지가 어떤지
어느 정도 간파할 수 있게 됐다.
에너지를 측정하는 능력을 터득하게 된 것이다.
에너지란 단순히 힘 있는 발성과
큰 목소리를 의미하는 것이 아니다.
작게 말해도 큰 울림을 줄 수 있는 것이야말로
진정 에너지 있는 연기다.

작품에 관한 정확한 이해와 집중력이
훨씬 강력한 에너지를 만들어 낸다.
그리고 큰 에너지를 쓰는 것을 경험하다 보면
작은 에너지를 힘 있게 전달하는
요령도 스스로 터득할 수 있다.
대사 하나를 내뱉을 때도 앞뒤 맥락을 파악해
에너지의 시작점을 잡는 것이 중요하다.

기-승-전-결에 갇혀 무조건 처음에는 잔잔하다가
뒤에 가서 감정을 크게 터뜨려야 한다는
강박에서 벗어나야 한다.

한번은 배우 김고은이
드라마 대본을 들고 찾아온 적이 있었다.
첫 만남에, 에너지가 보통이 아님을 직감했다.
주파수로는 다른 배우와 비슷할지 몰라도
직접 느껴지는 차이가 있다.
첫 만남이 무색할 정도로 자신이 경험하고
느낀 것을 진지하게 이야기하는
그 거침없는 에너지가 정말 강렬했다.

수업을 진행하면서 나는 그녀에게
굳이 더 배우지 않아도 맡은 배역을
잘 꾸려 갈 수 있는 좋은 에너지를 가지고 있으니
남은 고민은 스스로 해결해 보라고 조언했다.
그 특유의 에너지를 잘 유지하길 바랐다.

현장에서 연기할 때 쓰이는 배우의 에너지는
우리가 매체로 접했을 때 느껴지는 것보다
훨씬 강렬하다. 그리고 그 강렬한 에너지가
무대를, 화면을 뚫고 관객, 시청자에게 전달된다.

자신의 에너지를 극대화할 방법을
끊임없이 고민해야 하는 이유다.

나는 영화나 드라마를 볼 때
큰 화면으로, 볼륨은 크게 틀고 관람한다.
그래야 작품의 에너지를 온몸으로 느낄 수 있다.
휴대전화나 태블릿으로 작품을 감상하는
제자들에게 시스템을 제대로 갖추라고
충고하는 이유도 그래서다.
무용은 연습실에서, 미술은 작업실에서 하듯
연기 공부도 환경이 갖춰진 장소에서
해야 한다고 생각한다.

지하철에서 휴대전화로 작품을 보며
연기 공부가 제대로 될까?
현장에서 느껴지는 작품의 에너지를
그 작은 화면을 통해 제대로 느낄 수 있을까?
그렇게 작품을 봐서인지는 모르겠으나
수업 시간에 제자들이 쓰는 에너지가
형편없이 작다는 생각이 들 때가 있다.

적어도 배우를 하겠다면
자신의 에너지가 어디에서 오는지

무엇으로부터 방해를 받는지

어떻게 긍정적으로 사용해야 하는지

잘 알아 두어야 한다.

더 나은 배우, 더 나은 인간

—   —

좋고 나쁘다는 것은 상당히 주관적인 영역이라
명확한 기준을 가지고 말하기 어렵다.
나 역시 아직 어떤 연기가 좋고 나쁜지
답을 내리지 못했다(답이 있긴 할까).
잘은 모르겠지만, 배우가 작품에 푹 빠졌을 때
그리고 관객이 작품에 푹 빠지게 만들었을 때
장르를 불문하고 배우가
좋은 연기를 했다는 생각이 든다.

배우는 작품이라는 여행지의 가이드와 같다.
가이드는 직업 정신을 가지고
상세한 정보를 제공하며 여행객들이
여행지를 충분히 즐길 수 있게 만들어 준다.
배우 또한 그래야 한다고 생각한다.
배우는 작품을 흥미롭게 만드는
다양한 기술들도 습득해야 하고
관객 입장에서 작품을 바라보는 눈도
가지고 있어야 한다.

또한 좋은 연기는 진화해야 한다고 생각한다.
세세하게 계획을 짜 놓는 연기와
굵은 선만 정해 놓고 순간적으로 떠오르는
연기를 과감하게 시도하는 연기,
크게 이 두 연기가 있다고 생각해 보자.
연기를 막 시작한 사람들이라면 세세하게
계획을 짜 놓는 연기부터 경험할 필요가 있다.
물론 어느 쪽이 먼저인지는 각자의 성향과
경험의 밀도에 따라 다를 수 있다.
다만, 해가 갈수록 더 나아져야 한다.

나쁜 연기는 아무래도
감정'만' 있는 연기가 아닐까.
연기는 대사를 통해 감정을 표현하는 것이지만,
감정이 만들어지는 과정을 지켜보면
감정이 먼저 생기고 생각이 뒤따라오는 게 아니다.
어떤 대상에 대한 생각이 뚜렷해야 발현되는
결과물에 가까운 것이 감정이다.
감정만 있어서 알 수 없는 분위기만 풍긴다면
연기를 보는 사람은 답답하다.
마치 자막 없는 외국 영화를 보는 기분이랄까.

이렇게 구분을 하긴 했지만,

하면서도 어쩌면 좋은 연기와 나쁜 연기는
종이 한 장 차이라는 생각도 든다.
가장 중요한 것은 종합적인 '연기력(力)'이 아닐까.
배우가 사회의 일원으로서 자기 자신을
좀 더 나은 상태로 만들려는 힘이자
자신을 부정적인 상태에서 긍정적인 상태로
바꿔 놓는 힘 말이다.

그뿐이 아니다. 날카로운 연기 지적에
고개를 숙일 줄 아는 힘,
직업에 회의를 느끼는 상황이 오더라도
쉽게 무너지지 않는 힘,
오디션에서 떨어졌을 때
실패를 긍정으로 수용하는 힘,
외롭고 지루한 훈련을 끈기 있게 해내
결국에는 마침표를 찍고야 마는 힘,
질투를 내 훈련의 재료로 번역해서 쓰는 힘도
모두 연기력에 포함된다.

지난한 시간을 이겨 내고
나의 차례를 묵묵히 기다리는 힘 또한
아주 강한 연기력을 가진 것이라 할 수 있다.
배우가 한 인간으로서 강한 생명력을 지니는 것,

그것이 결국 연기력과 연결된다.
더 나은 인간이 되고자 하는 것과
더 나은 배우가 되고자 하는 것이
다르지 않다는 생각이 든다.

깐깐한 사랑을 이어 나가는 일

배우라면 깐깐해질 필요가 있다.
자신에게 좀 더 엄격해지라는 의미다.
연기에 있어서만큼은 깐깐한 배우가 되어 보자.
연기를 하는 사람도, 보는 사람도
만족할 수 있는 연기는
바로 그 깐깐함에서 나온다.

작품을 볼 때 더 깐깐하게 보자.
그저 재미로 스토리를 쫓아가는 게 아니라
좀 더 세밀하게 파고들어야 한다.
시나리오, 연기, 촬영이 각각 어떤지
하나씩 따로 생각해 볼 수 있어야 한다.

예를 들어 "전반적으로 영화가 별로다"라고
말할 게 아니라, 시나리오는 좋았는데
배우의 연기가 그걸 다 표현하지 못했다거나,
연기는 좋았는데 카메라가, 혹은 편집이
어떤 점에서 그 연기를 잘 담아내지 못했다거나
정답을 떠나 나름대로 분석하며

작품을 바라볼 줄 알아야 한다.

자신이 연기할 대본도 깐깐하게 봐야 한다.
배우는 결국 대본에 기댈 수밖에 없다.
대본에 두 발을 디딘 채 배역의 눈으로
세상을 바라봐야만 좋은 연기가 나올 수 있다.
모니터링을 하면서도 "잘했네" "못했네"
수준이 아니라 더 깐깐하고 구체적으로
보완할 부분들을 찾아내야 한다.

연기는 머리가 아니라 몸으로 하는 것이기에
머리로 연기할 것을 잘 생각했더라도
막상 표현해 보면 다를 수 있다.
연기에 완벽이란 있을 수 없지만
완벽을 향해 깐깐하게 나아가는 것 자체가
좋은 연기에 필요한 자세가 아닐까.
깐깐함을 지니고 있지 않으면
연기 주체를 쉽게 잃어버릴 수 있다.

아마 제자들에게 물어보면
나를 '깐깐한 선생'이라고 평가할지도 모르겠다.
무엇 하나 순순히 넘어가질 못하는 성격이다.
가벼운 마음으로 수업을 받으려는 배우들에게는

내 수업이 너무 힘들게 느껴질 수도 있다.
미안하지만, 그래도 어쩔 수 없다.

오디션이나 현장은 그보다 훨씬 더
긴장되는 환경이기 때문에
제자들이 수업에서 이미 그런 경험을
하고 가길 바라는 마음이다.
삶의 의미는 행복이 아닌
고난에서 배운다고 믿는다.
연기에 대한 고뇌와 지속성이 바탕이 되어
훌륭한 작품을 탄생시킨다.
좋은 배우 혹은 좋은 연기를 하고 싶다면
연기에 대한 깐깐한 사랑을 이어 나가야 한다.

문득, 짐 자무쉬 감독의 영화 제목이 떠오른다.
"오직 사랑하는 이들만이 살아남는다."
그래서 나는 앞으로도 연기에 대한
깐깐한 사랑을 이어 나갈 예정이다.
제자들에게 깐깐한 배우가 되라고 말하면서
나부터 깐깐하지 않으면 되겠는가.

가장 좋은 선생님이 할 수 있는 일은
지시하는 대신 영감을 주는 것이다.

- 스탠리 큐브릭

습관이라는 나침반

모든 직업이 삶과 밀접한 연관이 있지만
배우만큼 그 밀도가 높은 직업이 있을까.
살아온 인생이 곧 배우의 성장에
밑거름이 된다. 즉, 삶의 가치관이나 목적이
배우의 연기를 성장시키는 동력이 된다.
연기에는 정답이 없듯이 연기를 직업으로 삼고
살아가려는 사람들의 방향성에도 정답은 없다.
그래서 더 막막할 때도 분명 있을 것이다.

제자들이 기나긴 기다림의 시간을
정말 어떻게 보내야 하냐고 물을 때마다
참 곤혹스럽다. 선생으로서 뭔가
좋은 말을 해 주어야 할 것 같은데
적당한 조언이 잘 떠오르지 않는다.
그러다 몇 해 전, 아주 공감 가는 책을 만나
조언을 얻었다. 《직업으로서의 소설가》라는 책이다.
무라카미 하루키는 직업인으로서의
작가 생활을 잘 써 내려갔다.

그는 마치 출퇴근이 있는 직장인처럼
매일 일정한 시간에 책상에 앉아서
글을 쓰는 환경을 만들어 놓았다.
'직업인으로서의 배우'로 살아가기 위해

습관을 설정하고 실천하는 것은
나 역시 중요한 일이라고 늘 생각해 왔는데,
새삼 다시 깨닫는 계기가 됐다.
"기다리는 시간에 나만의 좋은 습관을 들일 것."
내가 제자들에게 해 주고 싶은 조언이다.

누군가는 배우와 규칙(습관)이라는 단어가
어울리지 않는 색의 배합이라
생각하겠지만, 전혀 그렇지 않다.
오랜 세월 배우 수업을 하면서 제자들에게
배우로 살아가기 위한 좋은 생활 습관으로
수많은 방법을 제안했고 실천하게끔 독려해 왔다.

그중 어떤 습관은 오히려 강박이 되어
연기에 대한 흥미를 잃게 만들기도 했고
또 어떤 습관은 좋은 결과물을 만들어 내기도 했다.
물론 습관이라는 걸 규격화하려는 시도 자체가
무의미하다는 생각도 든다.
다만, 각 개인에게 맞는 습관은 분명히 존재한다.

연기 선생은 연기가 흥미로운 작업임을
배우들에게 매 순간 일깨워 주어야 한다.
그 흥미를 바탕으로 연기력을 발전시키는

'습관의 발견'과 '묵묵한 실행'은
배우의 몫으로 넘겨주어야 한다.
자신도 모르게 몸에 배는 좋은 습관을
찾는 일은 결국 그들 자신의 몫인 셈이다.

나는 그저 옆에서 제자들의 시행착오를
존중하고 지지해 줄 것이다.
설령 그 과정이 미숙하고 서툴지라도
믿고 기다려야 한다는 뜻이기도 하다.
기다린다는 것은 배우에게도,
배우를 가르치는 나에게도 숙명이다.

연기 선생은 배우들이 각자에게 맞는
습관을 들일 수 있도록
다양한 방법이 담긴 메뉴판을 펼쳐 주면 된다.
어떤 메뉴를 시도해 볼지,
그 선택이 성공할지 실패할지는 누구도 알 수 없다.
끝이 실패로 귀결된다 하더라도,
해 보지 않았다면 몰랐을 '경험'이라는
좋은 결과물을 얻을 수 있다는 확신만
마음에 심어 주면 된다.

배우로서의 앞날이

끝이 보이지 않는 기다림 같겠지만,

좋은 연기 습관을 찾아 나가며

그 시간을 잘 견뎌 내 보자.

그렇게 쌓아 온 시간이 있는 한,

정답이 없는 이 길 위를 헤매더라도

결코, 길을 잃진 않을 것이다.

부록

QnA

∴ 본문에는 다 담지 못한 내용 중에 평소 제자들이 자주 하는 질문에 관한 답을 나름대로 정리했다. 여기서 제시하는 해법은 하나의 예시일 뿐이니, 본인의 상황과 성격에 맞게 변형해서 혹은 새로운 방식을 찾아 자신만의 연기 습관을 만들어 나가면 좋겠다.

#Q.1 '배우'라는 큰 목표는 있지만, 구체적인 목표가 없어서 흔들린다면?

배우를 가르치는 내 입장에서는 연기 철학을 특별히 정해 놓진 않지만, 배우 스스로는 자신만의 연기 철학을 가지는 것이 좋다.

철학이라고 어렵고 거창한 것을 의미하는 것이 아니다. 예를 들면, "대사만은 완벽히 내 것으로 만든다"라는 철학이어도 좋다. 대사를 둘러싼 상황, 대사의 의도, 각 문장의 감정과 표현 방법 등을 고려해서 자기 자신을 작가 이상으로 대본에 관해 아는 것이 많은 상태로 만드는 것이다. 자신이 평소 약한 부분을 보완하는 방향으로 나만의 철학을 정한 다음, 수업 때마다 되짚어 보는 것도 방법이다.

#Q.2 대사가 안 외워질 때 쓸 수 있는 방법?

1. 대본을 처음 읽을 때 대사를 외우려는 마음을 버리고 두세 번 속으로 대사를 '음미'한다. 이 과정은 대본의 흐름을 파악하는 데 아주 중요하다.

2。 대사를 아는 만큼 '자신의 말투'로 말해 본다. 이때 자잘하게 대사를 정확히 떠올리려고 애쓸 필요는 없다. 그저 생각나는 대로 떠들어 보는 자유로운 시간을 갖는다.

3。 대본을 다시 읽으며 놓치고 지나간 스토리들을 빠짐없이 본다. 그리고 서서히 대사를 외워 보는 것이다. 이때는 단순한 암기가 진행되어도 상관없다.

4。 3의 방법을 강화할 목적으로 대사를 '자신의 필체로 옮겨 적는'다. 글자를 적는 것은 생각보다 훨씬 느린 과정이기 때문에 이 행위를 할 때 대사에 관한 생각들이 차분히 정리되면서 조금 더 정확히 외워질 수 있다.

5。 휴대폰을 이용해서 대사를 '녹음'한다. 단순히 녹음하는 것이 아니라 다음 세 가지 방향으로 녹음해서 시간 날 때마다 듣는다. 세 버전을 번갈아 듣게 되는 과정에서 새로운 아이디어가 생길 수도 있고, 각 버전의 장단점을 파악하여 기대하지 않았던 질 좋은 연기가 만들어지기도 한다.

5-1。국어책 읽는 것보다 더 건조하게 아무런 음도 없이 읽는다. 자신도 모르게 자연스럽게 말하는 패턴을 연습하게 된다.

5-2。과하게 연기해 본다. 어떤 부분을 과하게 살리고, 어떤 부분을 약하게 연기할지 구분할 수 있다.

5-3。본인이 추구하는 연기를 녹음한다.

6。**휴대폰으로 연기하는 장면을 '촬영'한다.** 보이는 장면을 모니터링하면서 대사를 외우는 것이므로 대사 암기를 훨씬 풍부하고 입체적으로 할 수 있다. 주의해야 할 점은, 여기서 만약에 감정이나 표현에 너무 집착하는 모니터링을 한다면 과정 자체를 정확하게 진행해도 마음에 드는 결과물을 얻지 못할 수도 있다는 것이다.

#Q3 대본 분석 시 유의해야 할 것들이 있다면?

1。**전문 용어에 갇히지 말 것.** 대본 분석이 거대한 작업이며 엄청난 분석을 해야 할 것 같은 부

담감부터 버려야 한다. 분석을 어렵게 하는 요인 중에 전문 용어들이 큰 몫을 차지한다. 배역의 전사(대본에 드러난 내용 이전에 배역에게 어떤 역사가 있었는지 상상해 보는 훈련), 서브 텍스트sub-text(모든 텍스트에는 어떤 목적이 담긴 부가 텍스트가 있다는 이론으로, 대사 밑에 텍스트와 의미는 같지만 자신에게 훨씬 더 와 닿는 단어나 문장을 만들어 보거나 목적이나 의도를 다른 말로 적어 보는 훈련 방법) 등이 그런 예다. 실제 연기를 하면서 시행착오를 거쳐 이론이 몸에 익숙해지기 전까지 이론은 이론으로 남겨 두어도 된다.

2。 **대본의 성질을 이해하고 접근할 것.** 영화 시나리오, 드라마 대본, 오디션 대본(간단한 신 혹은 독백)은 모두 대본이라는 형태지만 각 성질을 제대로 이해하고 접근해야 한다.

2-1。 1시간 30분 혹은 그 이상을 상영하는 상업 영화의 대본은 드라마 대본보다는 스토리가 함축되어 있고 템포감이 무척 빠르게 진행된다.

2-2。 드라마는 영화에 비해 긴 시간 방영되기 때문에 훨씬 더 긴 이야기를 담고 있다. 만약 주인

공을 맡게 된다면 자신이 연기했던, 그리고 앞으로 연기할 부분에 관한 꼼꼼한 기억력이 필요하다. 자칫하면 자신이 극의 어느 시점에 와 있는지 혼란이 올 수 있다. 그러다 보면 캐릭터가 손상되거나 스토리가 방향성을 잃게 된다.

2-3。 독백은 가장 작은 단위의 대본으로 대부분 하나의 생각이나 짧은 이야기를 담고 있는 형태다. 신의 경우 혼자서 하는 독백과는 다르게 상대 역할이 존재하고 서로 대사를 듣고 말하며 하나의 스토리를 완성한다.

이처럼 각 대본은 그 나름의 존재 이유가 있다. 그 성질들을 정확히 파악하지 않고 대본을 보면 대본을 이해하는 시간이 오래 걸리거나 아예 분석을 잘못하는 경우가 생긴다.

만약 대본이 공개된 작품으로 대본 보는 연습을 한다면, 두 가지를 동시에 보는 것보다 대본을 먼저 읽고 영상을 보거나 영상을 먼저 보고 대본을 읽는 작업을 권한다. 대본을 읽으면서 자연스럽게 그림이 그려지거나 소리가 들리는 순간이 올 것이다. 역으로 영상을 보면서 글자로 이루어진 대본이 그려지기도 할 것이다. 영화화된 소설

이나 만화를 보는 것도 대본을 이해하는 데 도움
이 될 수 있다.

#Q4 나만의 대사를 직접 찾아야 하는 이유?

1。 **대사 선택의 폭을 넓히기 위해 강제적으로라
도 꽤 많은 양의 영화와 드라마를 보게 된다.** 온
라인상에 무궁무진하게 떠도는 대본에서 대사
를 찾기는 쉽겠지만, 본인이 '직접 본' 영화나 드
라마에서 대사를 고르면 자연스럽게 지금 자신
에게 필요한 대사, 나아가 대본을 판별할 수 있는
능력이 길러진다.

2。 **스토리에 취해서 볼 때와는 다른 부분들이 보
이기 시작한다.** 자신이 공부할 대사를 찾아야 하
므로 객관적으로 보기 때문에 '대사를 읽게 되는'
과정을 겪으며, 영상에서 대사를 따로 추출해서
보는 능력도 키울 수 있다.

3。 **대본의 치밀함이나 작품의 완성도를 보는 안
목이 생긴다.** 예를 들어, 배우의 연기를 좀 더 객
관적인 측면에서 관찰하는 힘이 생기고, 여러 종

류의 카메라 숏에 맞춰 달라지는 연기를 발견하거나 편집점에 맞춰서 어떻게 연기를 해야 하는지까지 배울 수 있다.

#Q5 모방이 필요한 이유?

1。자신의 말투를 객관적으로 생각할 수 있게 된다. 지금까지 의사소통에 별 어려움이 없었기 때문에 자신의 말투를 보편적인 말투로 여기며 살았을 수 있다. 배우는 자신의 말투를 전혀 모르는 관객에게 정확하게 스토리를 전달해야 하므로 누가 들어도 잘 알아듣게 말하는 습관을 길러야 한다.

2。연기를 보는 안목이 예전보다 성숙해질 수 있다. 원본 배우들의 안정감 있는 연기가 눈에 들어오면서 연기를 보게 되는 눈이 트이고 안정감 있게 연기하는 것이 무엇인지 어렴풋이 알게 된다. 예를 들어, 외국 배우의 연기는 언어가 다르니까 잘하는지 못하는지 구분이 어렵지만 모방을 하다 보면 외국 배우의 연기도 서서히 구분이 되는 신기한 경험을 할 수 있다.

3。**긴장감이 줄어든다.** 원본 배우를 모방한다는 생각을 하니까 틀리고 맞는 것에서 자유로워진다. 모방 훈련 이전에는 연기할 때 긴장을 많이 해서 자신감이 없었는데 긴장이 줄어들다 보니 자신감이 상승한다.

4。**디테일함을 살릴 수 있다.** 어떤 장면을 한두 번 보고 연기 연습을 할 때와 달리, 모방을 하려면 못해도 수십 번, 때로는 몇백 번을 봐야 한다. 그 과정에서 이전에는 보지 못했던 연기 디테일들을 더 많이 발견하기도 하고, 자기 단점을 거울 치료 하기도 한다. 예를 들어, 연기 모니터링을 했을 때 눈을 많이 깜빡이는 자신과 달리 원본 배우는 깜박임의 수가 적어서 표정 연기에 훨씬 더 힘이 있어 보인다 것을 알게 되는 식이다.

#Q6 긴장을 이완하는 방법?

연기 관련 책에 늘 등장하는 두 단어가 '긴장'과 '이완'이다. 신체 이완을 통해 심리적 긴장을 어느 정도 완화할 수 있다. 특히 오디션 전에 긴장을 완화하는 자신만의 루틴을 짜는 것이 좋다. 예를 들어, 가벼운 등산을 가거나 샤워를 40분에 걸쳐 느긋하게 하거나 좋아하는 소설책을 천천히 소리 내어 읽는 등 다양한 방법이 있다.

오디션 현장에서도 긴장 이완법을 찾아내면 좋다. 어떤 배우는 연기를 보여 주기 전에 심사위원들의 신체적 특징이나 그들이 입었던 옷의 색깔을 짧은 순간 정확히 기억하려 애쓴다고 한다. 오디션과 전혀 관계없는 것들을 정확히 기억하려는 시도는 긴장 상황의 뇌를 순간적으로 다른 생각을 하게 해 본인의 연기에 집중할 전환 포인트를 만들어 주는 좋은 방법이다. 혹은 연기 시작 전 물 한 모금을 마시겠다고 하고 잠시 정신을 차릴 시간을 벌 수도 있다.

#Q7 오디션에서 계속 떨어진다면 돌아보아야 할 것?

개인적인 원인이야 다양할 수 있겠지만, 가장 먼저 그동안 '장르를 편식하지 않았나' 돌아볼 필요가 있다. 시중에 공개된 오디션 대본들은 주최 측이 어떤 이유에서 해당 대본을 제시했는지 이해 가능한 경우가 대부분이다. 어떤 대본은 상황을 인지하는 능력을 보기도 하고, 어떤 대본은 주어진 상황에서 캐릭터를 어떻게 구축하는가를 시험하기도 하고, 어떤 대본은 캐릭터를 어떤 식으로 독특하게 풀어내는지를 시험하기도 한다. 드라마나 영화에서 흔히 볼 수 있는 장면들이 오디션 대본으로 출제되기 때문에 대본이 어려운 경우는 흔치 않다. 그런데도 어렵게 느껴진다면, 생각보다 이유가 단순할 수 있다. 그동안 자신이 좋아하는 장르만 보고, 그 안에서 대사들을 골라 연습했을 확률이 크다.

#Q8 글을 형상화한다는 것의 의미와 연습 방법?

요즘 사람들은 쇼츠나 릴스 등 짧은 동영상 시청에 익숙하다. 심지어 드라마도 요약본으로 본다. 즉각적이고 편하긴 하지만 배우에겐 아무런 도움이 되지 않는 습관이다.

배우는 스토리가 있는 사각형의 움직이는 그림을 끊임없이 만들어 내야 하는, 즉 글을 형상화해야 하는 직업이다. 그러려면 SNS나 포털사이트의 짧은 영상이나 짤막한 글이 아닌 '종이책'을 천천히 읽는 습관을 들여야 한다. 흥미 없는 어려운 책을 읽으라는 말이 아니다. 자기가 관심 갖고 있는 어떤 분야라도 좋으니 그런 책을 찾아 읽으면 그것으로 충분하다. 소설이든, 시든, 에세이든 상관없다.

소설은 스토리의 흐름을 따라가며 읽어야 하기 때문에 대본의 그림들을 이해하는 데 도움을 주고, 인물들의 캐릭터를 구체적으로 파악하는 능력을 키워 준다. 소설에 나오는 인물의 대화를 독백으로 변형해서 나만의 독백 재료도 가질 수 있다.

시는 눈으로 읽는 것이 아니라 마음으로 읽는 것이라 생각한다. 함축적이기 때문에 그 의미를 곱씹어 보는 과정을 통해 대사의 의미를 파악하는 힘을 기를 수 있다. 대사 역시 마음으로 읽고 이해해야만 깊은 감정을 표현하는데 유리하게 작용한다.

에세이는 대본의 정서와 인물의 감정을 이해하는 데 도움을 줘서 공감의 폭을 더 넓혀 준다.

배우는 글에서 그림을 볼 줄 알아야 하고, 소리도 들을 줄 알아야 하고, 감동해서 눈물도 흘릴 줄 알아야 한다. 글을 읽으며 위의 모든 감각을 진득하게 습관화한다면 대본 분석 시에도 유용하다.

이밖에도 영화 감상, 전시회 관람, 음악 듣기,

글쓰기 등을 통해 경험치를 쌓고 상상력을 가꾸어 나가는 것이 좋다. 상상력은 아이디어로 발전할 수 있고, 아이디어가 자꾸 쌓이다 보면 연기할 때 다양하게 적용해 볼 수 있다.

#Q9 오디션의 두려움을 극복하는 마인드컨트롤?

"오디션의 주도권은 주최 측이 아니라 내가 갖고 있다"라고 생각하자. 나의 연기가 독보적으로 뛰어나다면 그 어떤 오디션에서건 주도권은 나에게 있다고 말이다. 궤변으로 들리겠지만, 스스로 자존감을 높이는 효과를 누릴 수 있다. 배우는 일차적으로 자신에게 취해야 하는 직업이다. 오디션이라는 압박감이 배우의 연기 영역을 침범해서 연기에 관한 자신감을 잃지 않도록 항상 자신을 돌봐야 한다.

냉정하게 생각하자. 두려운 것은 오디션 자체가 아니라 긴장한 내 감정 상태라는 것을. 이를 정확히 구분하기만 해도 두려움은 조금 줄어들 수 있다.

그리고 주어진 대본에서 과감한 시도를 할 수 있는 영역을 발견했다면 자신 있게 도전해 보라고 조언하고 싶다. 배우들 대부분 좋은 아이디어가 있어도 혹시나 과한 연기가 나오지 않을까 하는 마음에 평범함을 고수한다.

오디션에서 가장 두려워해야 할 것은 대사를 잊어버리거나, 감정 연기를 제대로 펼치지 못했을 때가 아니라 심사위원들에게 아무런 인상을 남기지 못했을 때라고 생각한다. 설령 자신의 해석이 잘못되었다 하더라도 과감하게 도전해 보는 것 또한 두려움을 극복하는 방법이 될 수 있다.

#Q10 무대 연기가 카메라 연기와 다른 점?

1。**실시간이다.** 이것이 연극의 가장 큰 매력이자 부담 요소가 아닐까. 배우는 실시간으로 연기를 하고, 관객들은 무대 위 배우의 연기를 보며 생생한 현장감을 느낀다. 카메라 연기는 다시 찍을 수 있지만 한 번의 공연은 절대 똑같이 다시 재연될 수 없다. 후회 없는 공연을 위해 배우는 몇 달을 리허설에 온 정열을 쏟아부어야 한다. 무대 뒤의 연습 시간, 그리고 실시간 관객과의 교감을 통해 배우의 연기는 점점 더 발전할 수 있다. 공연 시작에 비해 공연이 끝날 때 연기의 완성도가 높아

지는 경우도 있다.

2。 신경 써야 할 것들이 많다. 대사 실수에 대한 부담감, 적재적소의 소품 활용, 등장과 퇴장 타이밍, 조명 위치 확인, 효과음에 맞는 움직임, 상대 배우와의 연기 합 등 무대 위에서 신경 써야 할 것들이 많다. 여기서 실수가 생긴다면 정말 아찔한 경험을 하게 된다.

3。 연기의 호흡이 길다. 연극은 공연이 시작되어서 끝날 때까지 보통 1시간 30분 이상 긴 호흡을 유지해야 한다. 여기서 호흡이란 계속 연기를 하거나 연기에 준하는 상태로 깨어 있음을 의미한다. 또한 강조해야 하는 신과 그렇지 않은 신을 배우가 스스로 구분해서 완급 조절을 해야 한다. 그래야 극 전체의 균형이 맞는다. 연극의 주인공이라면 완급 조절을 잘 하면서 긴 호흡을 이끌고 가는 상당한 집중력이 필요하다.

카메라 연기는 컷이라는 게 있어서 긴 호흡을 요구하지 않는다. 대체로 1분 내외로 연기가 진행된다. 다만 촬영 대기 시간이 길어지는 경우가 흔한데, 특히 신인 배우들은 긴 대기 시간에 계속 긴장 상태에 놓여 있다가 막상 촬영에 들어가면

패닉이 와서 집중력이 떨어지는 경우가 있다. 카메라 연기는 짧은 매 순간 100퍼센트의 집중력을 요구하는 강렬한 호흡이 필요한 장르이므로 이 대기 시간에 힘을 잘 비축해 놔야 한다.

4. 신체의 다양한 움직임을 경험하게 된다. 무대 연기는 무대에 등장하는 순간 머리에서 발끝까지 모조리 사용해야 한다면, 카메라 연기는 카메라 숏의 사이즈에 따라 연기하면 된다. 클로즈업 숏은 배역의 섬세한 심리 상태나 묘한 감정의 디테일한 표현을 가능하게 해 주는 숏이다. 이때는 배우가 크게 표현하지 않아도 관객들로 하여금 큰 감동을 이끌어 내기도 한다. 숏의 개념만 잘 알고 있다면 평소 자신의 연기력보다 더 좋은 연기를 만들어 낼 수도 있다.

그런데 가끔 카메라 연기에 익숙한 배우가 무대 연기를 하면 드라마나 영화에서 봐 왔던 모습보다 연기를 못하는 것처럼 보여 연기력 논란에 휩싸이는 경우가 있다. 매체의 특성을 이해하지 못해서 벌어지는 현상이다.

무대에 서 있는 배우들은 어떤 형태로든 움직임의 변화를 계속 주어야 한다. 그 움직임으로 공연의 에너지는 커질 수 있고 지루함도 방지할 수 있기 때문이다. 배우의 등장과 퇴장, 무대 위 배우들이 서 있는 간격이나 배열도 스토리에 힘을 실어 준다. 이런 움직임들의 연습을 통해서 배우는 자연스럽게 대사 연기 이외에 '움직임이라는 연기'를 배우게 된다.

배우에게 움직임은 대사 연기나 표정 연기만큼이나 중요한 부분을 차지한다. 그래서 무대 연기는 여러 종류의 다양한 움직임을 공부하기 좋다는 장점이 있다. 움직임이 많은 무대 연기와 달리 카메라는 정해진 사각 프레임 안에 그 움직임이 담겨야 하기 때문에 배우는 구분을 해서 연기해야 한다.

5。 **발음과 발성에 탁월한 도움을 줄 수 있다.** 마이크의 도움 없이 극장(특히 중극장 이상)에서 공연을 하려면 일단 맨 앞줄 관객에서부터 맨 뒷줄 관객에게까지 골고루 대사가 전달될 수 있도록 안정적인 성량과 정확한 발음이 요구된다. 리허설을 할 때 제일 먼저 체크하는 것이 극장에 맞는 볼륨을 찾는 것이다. 각 극장마다 크기나 구조가 다르므로 발성도 다르게 할 필요가 있다. 이런 작업을 통해서 발성의 다양한 질감과 정확한 발음으로 대사를 관객들에게 정확히 전달하는 공

부를 할 수 있다. 발음이나 발성이 안 좋은 배우
가 무대 연기를 경험하면 이런 부분이 훨씬 좋아
질 수 있다.

#Q.11 유연한 소통이 중요한 이유?

신인 배우들은 대체로 전체 대본 리딩 전에 대사
를 다 외울 만큼 연기할 장면을 철저하게 준비한
다. 대본 리딩 자리에서 자신이 해석한 연기를 아
낌없이 보여 주고 감독의 별다른 피드백이 없으
면 이 방향이 맞는구나 싶어서 촬영 전까지 그
방향대로 연기를 더욱 단단하게 몸에 익혀 변화
를 어렵게 만들어 놓는 경우가 많다.

그런데 당시에는 별 지적을 안 했던 감독이 현
장에서 갑자기 새로운 연기 방향성을 디렉팅하
면 배우는 적잖이 당황한다. 감독 입장에서는 대
본 리딩을 무리 없이 소화해 낸 배우에게 신뢰가
생기면서 현장에서 디테일만 손보려 했을 수도
있다.

배우는 대사나 배역에 갇힐 확률이 감독보다
크다는 사실을 늘 명심하면서 감독의 디렉팅이
첫 대본 리딩 때와는 다를 수 있다는 것을 예상

해야 한다. 어떤 디렉팅이 나올지 몰라 불안하다면 수 가지의 연기 방안들을 마련해서 현장에 가되, 시시각각 달라지는 상황과 요구에 맞게 소통하고 변화할 줄 알아야 한다. 자신이 정말 열심히 준비한 연기가 있더라도 그 연기가 정답이라는 생각을 내려놓고, 감독이 왜 그런 디렉션을 주었을지 적극적으로 생각해 보려는 태도가 중요하다.

상대 배우와의 소통은 말할 것도 없다. 물론 편집이라는 기술이 있지만, 배우 스스로 편집점을 염두에 두고, 상대 배우의 연기를 기억해서 본인의 연기와 합이 잘 맞게 연결하려고 해야 한다. 상대가 선배 연기자여서 부담감에 의견을 말하지 못한다면, 원활한 소통이 이루어지지 않아서 그저 상대방을 서포트하는 연기가 될 수도 있다. 장면의 주도권이 본인에게 있다면, 어렵더라도 어떻게든 소통해서 좋은 그림을 만들어 내려는 노력이 필요하다.

많은 일이 그렇겠지만, 특히 배우는 하나의 작품이 만들어지기까지 여러 사람과의 협업이 필수적인 직업이다. 어떤 상황에서든 유연하게 소통할 준비가 되어 있어야 더 나은 연기, 더 나은 장면이 나올 수 있다.

#Q.12 발음과 발성의 중요성?

연기의 자연스러움이란 결국 말법의 자연스러움 인데, 발음이 부정확하면 말법이 부자연스럽게 들리면서 전체적인 연기의 자연스러움이 힘을 잃게 된다. 또한, 정확한 발음은 스토리의 전달력 을 극대화해 영화나 드라마의 몰입도를 높여 주 기도 한다.

흔히 배우들이 자기가 듣기에 잘 들리는 발음 이 관객에게도 정확히 전달될 것이라고 착각하 곤 하는데, 나를 모르는 불특정 다수에게 잘 들리 는 발음을 계속 연구하고 연습할 필요가 있다.

개인적으로 소리, 음색이라고도 부르는 발성 은 상황과 캐릭터의 성격에 맞게 배우가 잘 만들 어 내야 한다. 예를 들어, 악역을 맡았다고 해도 누구나 떠올릴 수 있는 예민하고 화난 듯한 음색 이 아닌 특색 있는 음색을 연구하는 것이다.

그래서 모니터링이 중요하다. 현장 카메라는 물론 개인적으로 자주 녹음, 녹화를 해서 표정과 움직임뿐 아니라 가장 적합한 말법이나 음색을 찾고 조절하고, 질리게 들어서 익숙해져야 한다. 물론 마이크가 있고 없고의 차이는 출력되는 소 리의 질감이 다르므로 드라마, 영화에서의 발성과 무대 위의 발성은 구분해야 한다.

연기란 것이 결국, 남(작가)의 생각(대본)을 나(배역)의 생각인 것처럼 말해야 하는데 그러려면 배우가 자신의 대본 분석 과정에서 대본에 관해, 자신이 맡은 배역에 관해, 아는 것이 많아야 한다. 감독과 작가보다 더 많이 안다면 더할 나위 없이 좋다. 그 누구보다 작품의 이해도가 높고 본인이 맡은 역할을 잘 이해했다면 배역에 어울리는 정확한 발음과 특색 있는 발성으로 연기할 수 있다.

생각보다 목소리가 콤플렉스인 배우들이 많다. 지문이나 홍채가 사람마다 고유하듯 배우 자체가 가지고 있는 목소리도 고유하다. 더 나은 발성과 발음 이전에 우선 자신의 목소리를 사랑하는 것부터 시작하자.

#Q13 생활 속 연기 연습 방법

1. 연기 영상을 모니터링할 때 소리나 화면을 먼저 하나씩 본 다음 전체를 같이 본다. 내가 연기를 좀 더 구체적으로 볼 때 쓰는 방법이다. 우선 소리는 끄고 표정이나 기타 움직임만을 체크한

다. 그다음, 화면을 보지 않고 소리만 키워서 대사 연기를 듣는다. 마지막으로 소리를 키운 영상을 보면서 종합적인 연기 모니터링을 한다. 이렇게 보면 연기의 어떤 부분이 약한지를 보다 정확히 파악할 수 있고, 대사 연기만이 연기의 중심에 있지 않다는 것도 깨달을 수 있다.

2。집안일 등 간단한 일을 하면서 대사를 무한 반복한다. 미리 대사를 확실히 암기해 둔 상태여야 한다. 이 방법은 대사를 더 정확히 외우는 과정이 아니라 대사가 뇌리에 자연스럽게 새겨지게 하는 과정으로, 자연스러운 연기를 끌어 낼 수 있다. 머릿속으로만 대사를 떠올리는 게 아니라 반드시 자신만의 공간에서 '소리 내' 연습해야 한다.

3。좋은 말법, 목소리를 가진 배우나 스스로 닮고 싶은 배우가 있다면 립싱크하듯 그대로 따라 해 본다. 한 명의 배우가 아니라 여러 배우를 연습 대상으로 정해 놓는 것이 좋다. 자신의 말법이라는 것은 한계가 있으므로 다양한 말법을 접해서 훨씬 더 풍부한 표현력을 키워 주는 이 방법은 사투리가 고민인 상황에서도 상당한 효과를 거

둘 수 있다.

4。**사람이 많은 곳에서 이어폰을 끼고 마치 통화하는 것처럼 대사를 연습한다.** 일종의 놀이처럼, 자연스럽게 살아있는 말법을 연습하기에 아주 적합하다. 게다가 약간의 용기도 필요하다. 평소 자기 자신과 배역의 말법이 분리되는 듯한 느낌이 든다거나 남들 앞에서 유난히 긴장한다면 시도해 보기 좋은 방법이다.

5。**연기 연습 시간대를 바꿔 가며 해 본다.** 밤의 감수성을 좋아해서인지, 늦게까지 자고 오후에 일어나 연기 연습을 하는 배우들이 많다. 오디션이든 촬영이든 다양한 시간대에 진행되므로 어떤 시간대에 연기를 하더라도 집중 상태를 유지할 수 있는 훈련을 하는 것이 좋다.

#Q14 스스로 외모가 부족하다고 느낀다면?

카메라 앞에 서고 대중에게 보이는 직업인만큼 배우를 꿈꾸면 어쩔 수 없이 외모 고민을 하게 된다. 외모가 눈에 띄게 예쁘고 잘생긴 배우들도 있지만, 본인이 그렇지 않다고 해서 무턱대고 성형했다간 개성마저 잃게 되니 신중할 필요가 있다.

한 작품 안에서는 다양한 역할의 배우가 필요하다. 외모라는 단편적인 기준보다 배우가 가진 전반적인 '이미지'가 그 배역에 잘 맞는지가 더 중요하다.

예를 들어 큰 덩치, 소위 뚱뚱한 체격이 매력인 배우들은 서로 알고 지낸다고 한다. 누가 어느 드라마에 출연했는지, 또 어떤 오디션에서 누가 최종에 올라갔는지, 그들은 그들 나름대로 치열한 과정을 거친다. 우리는 드라마나 영화에서 체중이 많이 나가는 감초 캐릭터들을 심심찮게 발견할 수 있다. 어떤 배우는 뚱뚱하지만 센 인상, 어떤 배우는 순하디순한 인상 등 같은 체중이라도 이미지는 각기 다르다.

역할에 따라 체중을 조절할 수는 있겠지만, 잘생기고 예뻐지면 기회가 많아질 것이라는 판단으로 성형을 한다면, 본인의 매력이자 무기가 사라지게 돼 오히려 기회가 줄어들 수도 있다.

단순히 오디션에 떨어지는 이유가 '외모 때문에'라는 생각으로 성형을 하진 않았으면 좋겠다. 개성, 매력, 장점, 기술 등을 발전시켜 다른 배우들과 다른 '나만의 이미지'를 구축해 나가는 것이 훨씬 더 생산적이다. 또한 이목구비가 뚜렷하지 않다고 의기소침해할 필요도 없다. 오히려 배역에 따라 이미지가 확확 바뀔 수 있다는 것이 장점이 될 수 있다.

지은이 신용욱

한양대 연극영화과를 졸업하고 동 대학원 석사 과정을 수료했다. 배우와 연기 코치 일을 병행하다가 본격적으로 연기를 가르치기 시작하면서 강동원, 원빈, 한지민, 한효주, 김지훈, 이준혁, 홍경, 황인엽 등 수많은 배우의 연기를 지도했다. 배우를 꿈꾼다면 누구나 꼭 한 번 가르침을 받아 보고 싶어 하는 그의 수업은 연기에 관한 딱딱한 방법론이 아닌, 배우 각자가 자신의 특성을 깨닫고 나아갈 수 있게 하는 방식으로 이루어진다.

"연기는 예술이다. 연기를 가르치는 것 역시 예술이다"라는 최고의 액팅 코치 샌포드 마이즈너의 말을 모토 삼아 제자들이 누군가의 기억에 깊이 각인되는 배우가 되길 바라는 마음으로 30년째 가르치고 있다.

배우라는 세계

초판 1쇄 발행 2024년 9월 23일 | 초판 3쇄 발행 2024년 10월 7일
지은이 신용욱
발행인 박윤우
편집 김송은, 김유진, 박영서, 성한경, 장미숙
마케팅 박서연, 정미진, 정시원
디자인 이세연
저작권 김소연, 백은영
경영지원 이지영, 주진호
발행처 부키(주)
출판신고 2012년 9월 27일
주소 서울시 마포구 양화로 125 경남관광빌딩 7층
전화 02-325-0846 팩스 02-325-0841
이메일 webmaster@bookie.co.kr
ISBN 979-11-93528-29-7 03680

만든 사람들
편집 김송은 | 디자인 퍼머넌트 잉크